国際人権法実践ハンドブック

大谷美紀子・山下幸夫・猿田佐世 編

現代人文社

はしがき

　本書は、主として、弁護士が、国際人権法を裁判の現場で実践するためのハンドブックになることをめざして編集されました。

　日本弁護士連合会は、1996年10月、第39回人権擁護大会シンポジウム「法廷に活かそう国際人権規約」を実施し、さまざまな分野において、国際人権法を実践することを提言しました。その後、来日外国人が原告となった裁判が多数提起されるなかで、各分野において国際人権法の実践が進んでおり、そのなかには成果が出ている分野もあります。弁護士にとって、もはや国際人権法とはまったく無縁ではいられなくなっているのが現状だと思われます。

　そのような状況のなかで、初めて国際人権法に接する弁護士が、国際人権法に関する正確な知識やノウハウを容易に得られるハンドブックにしたいと考えました。

　国際人権法については、すでに定評のある教科書類（阿部浩己ほか『テキストブック国際人権法〔第2版〕』〔日本評論社、2002年〕、畑博行ほか編『国際人権法概論〔第4版〕』〔有信堂高文社、2006年〕、薬師寺公夫ほか『法科大学院ケースブック国際人権法』〔日本評論社、2006年〕）が出版されていますが、本書は、あくまでも、現場で裁判を取り扱う弁護士が手に取ってすぐに役に立つように、理論的な側面よりも実践的な側面に焦点を当てて執筆されている点に特徴があり、そこに本書を出版する意義もあると考えています。

　執筆者は、各分野の第一線で活躍している弁護士を中心に依頼し、最新の情報を提供していただくことができました。この場を借りて執筆者の皆さんに感謝申し上げます。最後に、本書の企画・編集を担当していただき、編集の実務作業の多くを担っていただいた現代人文社の西村吉世江さんに厚く御礼申し上げます。

　2007年3月

大谷美紀子

山下　幸夫

猿田　佐世

［目次］

はじめに ……………………………………………………………………… *1*

国際人権法を実務で活用するために ………………………大谷美紀子 *4*

●国籍
未婚の外国人女性の子の日本国籍取得 …………雪田樹理＋近藤博徳 *14*

●難民
難民性と難民の地位 …………………………………………渡辺彰悟 *23*

●在留・入国
在留特別許可 …………………………………………………山口元一 *32*
拷問のおそれのある国への送還 ……………………………武村二三夫 *39*
永住者の再入国 ………………………………………………橋本千尋 *46*

●少数民族
アイヌ民族の文化享有権 ……………………………………田中宏 *52*
アイヌ民族に対する名誉毀損 ………………………………秀嶋ゆかり *59*

●人種・世系による差別
外国人に対する人種差別 ……………………………………芝池俊輝 *70*

●表現の自由
教科書検定 ……………………………………………………村山裕 *77*

●情報公開
　個人情報の開示……………………………………小町谷育子　*85*

●女性
　女性に対する昇給・昇格差別……………………寺沢勝子　*93*

●子ども
　少年法61条と表現の自由…………………………山下幸夫　*102*
　子どもの自己決定と意見表明……………………小野裕樹　*109*
　退去強制される子ども……………………………空野佳弘　*115*
　婚外子に対する相続差別…………………………林　陽子　*123*

●拘禁
　受刑者に対する昼夜間独居拘禁…………………海渡雄一　*134*
　入管収容中の処遇…………………………………児玉晃一　*145*
　入管収容中の暴行…………………………………関　聡介　*152*
　受刑者と民事訴訟の代理人弁護士との接見制限…………山下幸夫　*160*

●社会保障
　外国人の国民健康保険……………………………大貫憲介　*167*

●国際人権法活用の今後の展開
　国際組織犯罪防止条約と人身取引………………吉田容子　*174*
　障害者権利条約成立の背景と意義………………池田直樹　*188*
　移住労働者の権利条約を日本から眺める………鈴木　健　*197*

国際人権法を実務で活用するために

　本書は、これまで国際人権法に馴染みのなかった弁護士にも手にとってもらい、日頃の弁護士実務の中で、国際人権法を活用してみようというきっかけになることを期待して作られた。そこで、国際人権法の知識がまったくない人や初学者にとって、国際人権法を実務で援用する場合の留意点や、最低限知っておくべきと考えられることを、最初に説明しておくこととした。なお、ここで取り上げる各項目は、近時、国際人権法に関する書物や論文で頻繁に取り上げられ、論じられているので、詳しい説明や学問的な研究は他の文献に譲り、本書では、実務的な観点からのごく簡単な説明にとどめた。

1　国際人権条約

(1)　日本が締結している条約

　法的拘束力を有する国際人権規範には、国際人権条約と慣習国際法（国際慣習法ともいう）がある。実務で慣習国際法の援用を必要とする場面はそれほど多くはないため、一般には条約に関する基本的知識があればよい。

　条約に関する基本的規則を定めた条約が、「条約法に関するウィーン条約（条約法条約）」である。条約は、名称が「条約」であるとはかぎらない。国際人権条約にも、「規約」や「議定書」を名称とするものがある。条約が日本に対して効力を有するためには、条約が発効していること（多数国間条約である国際人権条約の発効には、条約で決められた数の国の批准／加入が必要）、および、日本が当該条約を締結していること（署名＋批准、または加入）が必要である。

　日本は、主要な国際人権条約と呼ばれる2つの規約（「市民的及び政治的権利に関する国際規約〔自由権規約〕」、「経済的、社会的及び文化的権利に関する国際規約〔社会権規約〕」）、「あらゆる形態の人種差別の撤廃に関する国際条約（人種差別撤廃条約）」、「女子に対するあらゆる形態の差別の撤廃に関する条約（女性差別撤廃条約）」、「拷問及び他の残虐な、非人道的な又は品位を傷つける取扱い又は刑罰に関する条約（拷問等禁止条約）」、「児童の権利に関す

る条約（子どもの権利条約）」およびその2つの選択議定書（「児童の売買、児童買春及び児童ポルノに関する児童の権利に関する条約の選択議定書（子どもの売買等に関する議定書）」と「武力紛争における児童の関与に関する児童の権利に関する条約の選択議定書（武力紛争と子どもに関する議定書）」）を批准（加入）したが、本稿執筆時点で日本が未締結の「障害者の人権及び尊厳を保護・促進するための包括的総合的国際条約（障害者権利条約）」や「すべての移住労働者及びその家族構成員の権利の保護に関する国際条約（移住労働者の権利条約）」、および「国際的な組織犯罪の防止に関する国際連合条約（国連国際組織犯罪防止条約）」、「国際的な組織犯罪の防止に関する国際連合条約を補足する人、特に女性及び児童の取引を防止し、抑止し及び処罰するための議定書（人身取引防止議定書）」を将来実務で援用するには、日本の締結の有無を確認する必要がある。なお、日本が未締結の条約でも、国際的に合意された人権基準として実務で援用することは考えられる。

(2) 留保と解釈宣言

　日本が締結済みの条約であっても、留保がなされた条項は日本を拘束しないので、注意が必要である。日本が留保していれば条約集に記載されているので確認できる。なお、留保と類似のものに「解釈宣言」がある。日本も2つの規約および子どもの権利条約について、解釈宣言を付している。解釈宣言は実質的には留保と同じものと考えてよい。

2　国際人権条約以外の国際人権文書

　国際人権文書とは、国際人権条約、および、法的拘束力はないが国際的な人権基準として策定されたさまざまな文書の総称である。国際人権条約以外にも、国連総会その他の国連機関の決議で採択された宣言や基準、規則、原則、綱領などさまざまな名称の重要な国際人権文書が存在する。

　条約以外の国際人権文書は形式的には法的拘束力はないが、なかには慣習国際法の成立要件を満たして法的拘束力を有するに至る場合もある。そうでなくても、とくに国連総会で採択された国際人権文書は、国際社会で広く受け入れられた人権基準であるということができ、実務における重要な指針となる。本書の各論でも頻繁に言及されているとおり、とくに、被拘禁者の人権や少年司法等、刑事司法の分野において、条約以外の重要な国際人権文書が蓄積されており、

これらは実務においても積極的に援用すべきである。

3　国内裁判における国際人権条約の位置づけ

国際人権法を裁判で援用する場合には、国内法を援用する場合とは異なる注意が必要となる。

(1)　国内的効力および憲法や法律との優劣

国際人権条約を裁判規範として援用するためには、条約が日本の国内法としての効力を有することが前提となる。日本では、憲法98条2項により、日本が締結した条約は直ちに国内法の一部となり、そのままで国内法としての効力を有すると解されている。そして、国内法体系における条約の位置づけは、憲法より下位であるが法律より上位であり、条約は法律に優先する効力を有するというのが通説的な見解である。

裁判において、国内法の規定が国際人権条約の規定に違反し無効であるとか、国内法の規定を国際人権条約の規定に適合するよう解釈すべきであるとの法的主張が成り立つのは、以上のことを前提としている。裁判では、国際人権条約を援用する前提として簡単に述べておけば足りる。

(2)　国際人権条約の自動執行性

国際人権条約がそのまま国内法としての効力を有するとしても、裁判において、具体的な法令の規定や行政処分を無効にしたり取り消したり、個人の請求権の発生という法的効果を導き出すための直接の法的根拠として援用するためには、当該条約の規定が、その実施のために立法措置等を要することなく裁判所が適用しうる性質（自動執行性）を有するものでなければならない。

自動執行性の定義や判断基準の問題については、学者の見解も一様ではなく、わかりにくい。しかし、学問的な厳密さを切り捨てて実務的な観点から言えば、国際人権条約の適用を主張する立場では、条約の当該規定が当該事案の権利義務関係を判断するに足りる程度に文言や内容が明確であれば自動執行性があるという前提に立って援用すればよい。実際、自動執行性の問題は、裁判の中で、裁判所からの釈明の有無や、争点として争われるかによって、必要な範囲で論じればよい。

なお、日本の裁判所では、従来、自由権規約については簡単に自動執行性を認める一方、社会権規約の自動執行性を否定する傾向が見られる。しかし、条

約の自動執行性の有無は規定ごとに判断すべきである点に注意が必要である。社会権規約の中にも差別禁止規定等、自動執行性を有すると考えられる規定があり、積極的に主張を展開すべきである。

(3) 国際人権条約の間接適用

裁判において、法令の解釈適用の指針や補強のために、国際人権条約を援用することがある（間接適用と呼ばれる）。この手法は、裁判所にとって、国際人権条約の趣旨を法令の解釈に組み込んでいくという点で受け入れられやすいのではないかとの指摘がある。弁護士としても、このような援用の方法も積極的に試みるべきであろう。

(4) 宣言と条約の関係

国連で人権規範が策定されるプロセスとして典型的なのは、まず法的拘束力のない宣言を起草・採択し、その後にこれを条約化するというものである。たとえば、世界人権宣言もそこから２つの規約が作られたし、人種差別撤廃条約、女性差別撤廃条約、拷問等禁止条約、子どもの権利条約等、すべてこのパターンをたどっている。

したがって裁判では、すでに条約ができ、日本が批准・加入している場合には、宣言を法的根拠として持ち出さなくとも条約を援用すれば足りる。ただ、世界人権宣言のような重要な文書はあえて条約とともに援用されることがある。条約はできていないが宣言があるという場合は、宣言には法的拘束力がないことを意識したうえで援用すればよい。

4 国際人権条約の解釈

国内法令と同様に、国際人権条約も規定を読んだだけでは、具体的な事例にどのように適用されるのかがわからない。一部、注釈書もあるが、以下のものを指針として、条約法条約に従って誠実に解釈する。

なお、裁判で条約を援用する場合は、政府訳の日本語を引用することになるが、解釈について争いになった場合は、条約の正文である英語の原文にあたって意味を確かめる必要がある。

(1) 解釈にあたっての指針

規定の解釈、具体的な適用事例、射程範囲を知るのに最も重要な指針となるのは、条約機関（自由権規約委員会等）が採択した一般的意見／一般的勧告、

および、先例としての見解である。

　日本の法令の条約への適合性については、日本の政府報告書に対する条約機関の最終所見も参考となる。

　また、欧州・米州・アフリカの各地域人権機関が示した地域人権条約の解釈もまた、国際人権判例法の形成発展に寄与している。とくに、自由権規約と類似の欧州人権条約の規定に関する欧州人権裁判所の判決には、日本の裁判の事例に参考となる重要なものがあり、積極的に裁判において援用すべきである。

(2)　条約法条約の解釈規則

　国際人権条約の解釈が争いになった場合、条約法条約の解釈規則（31条ないし33条）に準拠することになるが、その一般原則は、条約を趣旨・目的に照らして与えられる用語の通常の意味に従い、誠実に解釈するというものである（31条1項）。

　裁判において国際人権条約を援用する弁護士としては、個人の人権の実効的な保障という国際人権条約の趣旨・目的に照らし、条約機関の一般的意見／一般的勧告や見解、最終所見／最終コメント、地域人権裁判所の判決等を活用し、条約全体の文脈との論理的整合性に配慮しながらも、積極的に目的論的解釈を試みていくべきであろう[*1]。

5　国際人権法に関する情報の入手

(1)　国際人権条約その他の国際人権文書

　裁判で国際人権法に基づく主張をする場合、条約の規定はもちろん、条約機関の一般的意見／一般的勧告や見解、欧州人権裁判所の判例などは、すべて日本語で裁判所に提出する必要がある。日本が締結済みの条約の公定訳は外務省のウェブサイト[*2]で入手できるが、日本の留保の有無や、日本が未締結の条約、条約以外の重要な国際人権文書を知るには、一般的な条約集（大沼保昭編集代表『国際条約集』〔有斐閣、毎年発行〕等）や、松井芳郎・薬師寺公夫・坂元茂樹・小畑郁・徳川信治編『国際人権条約・宣言集〔第3版〕』（東信堂、2005年）等を参照するとよい。とくに後者には、刑事司法分野における条約以外の主要な国際人権文書の日本語訳が収録されており、便利である。

　条約や宣言等の原語にあたる必要がある場合は、国連人権高等弁務官事務所のウェブサイト[*3]で主要な国際人権文書はすべて入手できる。

⑵　条約機関の一般的意見／一般的勧告

　また、最近では、条約機関の一般的意見／一般的勧告がかなりの程度、すでに日本語に翻訳され、書物や雑誌、インターネットで入手できるようになった。各条約機関の一般的意見／一般的勧告の日本語訳の掲載文献リストが㈳部落解放・人権研究所編『国際人権規約と国内判例——20のケーススタディ』(解放出版社、2004年) に収録されているほか、一部は日本弁護士連合会のウェブサイト「国際人権ライブラリー」[*4]に掲載されており、入手が容易である。

　なお、各条約機関はつねに新しい一般的意見／一般的勧告を起草・採択したり、自由権規約委員会は過去に採択した一般的意見の改訂版(より詳細なものになる場合が多い)を採択したりするので、最新のものは、国連人権高等弁務官事務所のウェブサイトでチェックする必要がある。㈶アジア・太平洋人権情報センター(ヒューライツ大阪)編『アジア・太平洋人権レビュー』(現代人文社、毎年発行)は、新しく採択された一般的意見／一般的勧告の日本語訳を掲載しているので日本語訳の入手に便利である。

⑶　条約機関の見解・地域人権裁判所の裁判例

　条約機関の見解は国際人権条約の解釈の先例として有用であるが、日本語に訳されているものは多くはない。

　1977年8月から1988年4月までの期間の主要な見解の日本語訳が、宮崎繁樹編集代表『国際人権規約先例集——規約人権委員会精選決定集第1集』(東信堂、1989年)、同『国際人権規約先例集——規約人権委員会精選決定集第2集』(東信堂、1995年)として出版されており、その要旨が、日本弁護士連合会編『国際人権規約と日本の司法・市民の権利——法廷に活かそう国際人権規約』(こうち書房、1997年) に収録され、同じものが前掲日本弁護士連合会の「国際人権ライブラリー」にも掲載されている。

　その他、日本における事例に参考になる重要な見解は、薬師寺公夫・小畑郁・村上正直・坂元茂樹『法科大学院ケースブック国際人権法』(日本評論社、2006年)において紹介されているほか、国際人権法学会の年報である『国際人権』(信山社、毎年発行) の〈判例紹介〉で取り上げられていることがあるので参照されたい。なお、国連人権高等弁務官事務所のウェブサイトでは、最新の見解が掲載されており、英語で入手することができる。

　欧州人権裁判所の裁判例も、日本の事例に関連するものが『法科大学院ケー

スブック国際人権法』で取り上げられているほか、『国際人権』〈判例紹介〉で紹介されることがある。また、当事者（国）名や判決年月日がわかれば、欧州人権裁判所のウェブサイト[*5]にはすべての判決が掲載されており、容易に入手できる。

(4) 有用な文献とウェブサイト

　国際人権法に関する日本語の書籍も少なからず出版されているが、国際人権法の全体像を知るには、阿部浩己・今井直・藤本俊明『テキストブック国際人権法〔第2版〕』（日本評論社、2002年）、畑博行・水上千之編『国際人権法概論〔第4版〕』（有信堂高文社、2006年）等が便利であろう。前者は、とくに、条約機関の下での報告書制度についての記述が詳しい。また、国連人権高等弁務官事務所が国際法曹協会の協力を得て2002年に出版した『裁判官・検察官・弁護士のための国連人権マニュアル――司法運営における人権（原題："Human Rights in the Administration of Justice: A Manual on Human Rights for Judges, Prosecutors and Lawyers (Professional Training Series No.9))』の日本語訳[*6]が出版されており、実務法曹向けの国際人権法の概説書として参考になる。そのほか、宮崎繁樹編著『解説国際人権規約』（日本評論社、1996年）は、2つの規約に関する日本語による貴重な注釈書である。

　ケースブック的な書物としては、前出の『国際人権規約と国内判例』と『法科大学院ケースブック国際人権法』があり、日本の国際人権法の主要な裁判例と論点の学習に利用しやすい。後者は著者全員が国際法学者であることから、条約機関の一般的意見／一般的勧告や見解、欧州人権裁判所の関連判例への言及や紹介が充実している。

　そのほか、自由権規約委員会、社会権規約委員会、人種差別撤廃委員会、および、女性差別撤廃委員会による日本政府報告書審査の記録がいずれも本にまとめられて出版されており、各国際人権条約の実施状況に関する日本政府報告書、NGOの報告書、審査の際の条約機関委員と日本政府代表団のやりとり、条約機関の最終所見等が解説とともに収録されているので便利である[*7]。

　国際人権法に関する日本語情報が入手できるウェブサイトとしては、現在のところ、日本弁護士連合会の国際人権ライブラリーが最も充実していると言ってよいであろう。本書でも、条約機関の一般的意見／一般的勧告の日本語訳はすべてこのサイトに掲載されている訳によった。

　なお、国際人権条約（地域人権条約および文書を除く）に関する最新かつ公

式の情報は、国連人権高等弁務官事務所のウェブサイトで確認するのが最良の方法である。

*1 ㈶アジア・太平洋人権情報センター（ヒューライツ大阪）編／平野裕二訳『裁判官・検察官・弁護士のための国連人権マニュアル―司法運営における人権』（現代人文社、2006年）44頁参照。なお、欧州人権条約が条約法条約の解釈規則に準拠しながらも、欧州人権条約を「生きている文書（living instrument）」であると性格づけて、目的論的解釈や発展的解釈の手法をとっていること、同じような傾向が自由権規約委員会にも見られることにつき、薬師寺公夫ほか『法科大学院ケースブック国際人権法』（日本評論社、2006年）43～47頁。
*2 外務省ウェブサイトのホームページ（http://www.mofa.go.jp/mofaj/）から、外交政策＞人権・人道（人権外交）（http://www.mofa.go.jp/mofaj/gaiko/jinken.html）へと進む。
*3 国連人権高等弁務官事務所ウェブサイトのホームページ（http://www.unhchr.ch/）から、International Law（http://www.ohchr.org/english/law/index.htm）へと進む。
*4 日本弁護士連合会ウェブサイトのホームページ（http://www.nichibenren.or.jp/）から、国際人権ライブラリー（http://www.nichibenren.or.jp/ja/humanrights_library/）へと進む。
*5 欧州人権裁判所ウェブサイトのホームページ（http://www.echr.coe.int/ECHR）から、Case-Law（http://www.echr.coe.int/ECHR/EN/Header/Case-Law/HUDOC/HUDOC+database/）へと進む。
*6 前掲注*1『裁判官・検察官・弁護士のための国連人権マニュアル』。
*7 各条約機関による最新の日本政府報告書審査の記録として、日本弁護士連合会編『日本の人権21世紀への課題―ジュネーブ1998国際人権（自由権）規約第4回日本政府報告書審査の記録』（現代人文社、1999年）、社会権規約NGOレポート連絡会議『国際社会から見た日本の社会権―2001年社会権規約第2回日本政府報告書審査』（現代人文社、2002年）、反差別国際運動日本委員会編『現代世界と人権15　国連から見た日本の人種差別―人種差別撤廃委員会第1・2回日本政府報告書審査の全記録とNGOの取り組み』（解放出版社、2001年）、日本女性差別撤廃条約NGOネットワーク編『女性差別撤廃条約とNGO―「日本レポート審議」を活かすネットワーク』（明石書店、2003年）がある。

大谷美紀子（東京弁護士会）

本書における用語の使い方

【条約】
- 経済的、社会的及び文化的権利に関する国際規約→社会権規約
- 市民的及び政治的権利に関する国際規約→自由権規約
- あらゆる形態の人種差別撤廃に関する国際条約→人種差別撤廃条約
- 児童の権利に関する条約→子どもの権利条約
- 女子に対するあらゆる形態の差別の撤廃に関する条約→女性差別撤廃条約
- 拷問及び他の残虐な、非人道的な又は品位を傷つける取扱い又は刑罰に関する条約→拷問等禁止条約
- 難民の地位に関する条約→難民条約
- 条約法に関するウィーン条約→条約法条約
- 人権及び基本的自由の保護のための条約(欧州人権条約)→欧州人権条約
- 米州人権条約→米州人権条約

【各条約機関】
- 社会権規約委員会
- 自由権規約委員会
- 人種差別撤廃委員会
- 子どもの権利委員会
- 女性差別撤廃委員会
- 拷問禁止委員会

【その他】
- concluding observations/concluding comments→最終所見／最終コメント
- general comments/general recommendations→一般的意見／一般的勧告

※なお、本書における条文の引用は、松井芳郎・薬師寺公夫・坂元茂樹・小畑郁・徳川信治編『国際人権条約・宣言集〔第3版〕』(東信堂、2005年)によった。また、各条約機関による一般的意見・勧告、最終所見等は、できるかぎり日弁連のウェブサイトの「国際人権ライブラリー」によった。

主要な国際人権文書と国際人権機関

【国連で採択された主要な人権条約および人権文書と条約機関】

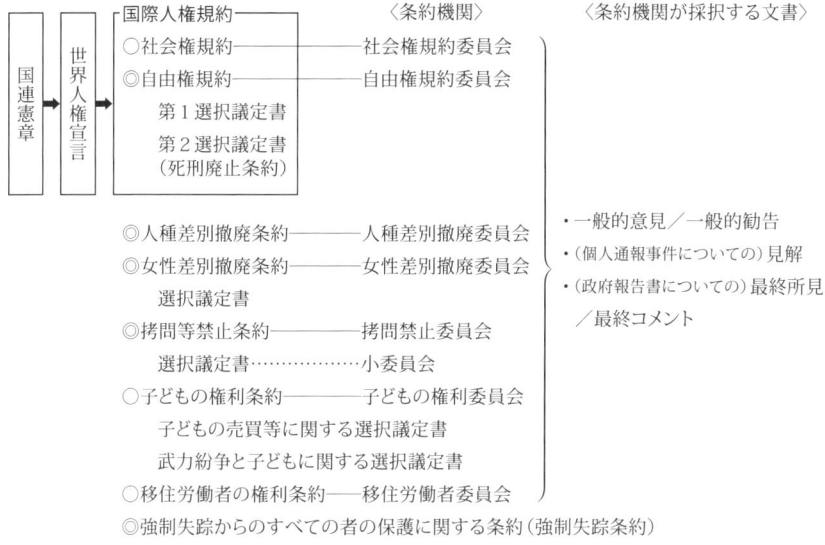

※○は条約機関を有する国際人権条約、◎は個人通報制度を有する国際人権条約。

【地域的人権条約と地域人権裁判所】

・欧州人権条約————————欧州人権裁判所
・米州人権条約————————米州人権裁判所
・アフリカ人権憲章——————アフリカ人権裁判所

※地域的人権文書にも条約以外のものがあるが、ここでは省略。

国籍

未婚の外国人女性の子の日本国籍取得

> 　フィリピン人女性Ａは、婚姻していない日本人男性Ｂとの間に子どもＣをもうけ、Ｂはその出生後に認知をした。Ｂには配偶者があるためＡと結婚できない。
> 　この場合に、Ｃについて日本国籍を取得させたいとの相談を受けた弁護士は、どのような方法をとればよいか。

1　日本人男性の認知により、出生のときに遡って法律上の父子関係が成立しており（法適用通則28条、民法779、784条）、国籍法2条1号「出生の時に父……が日本国民であるとき」に該当し、日本国籍を取得しているとして、国を被告として国籍確認訴訟を提起すべきである。

2　仮に国籍法2条1号による国籍取得が認められないとしても、国籍法3条1項の「父母の婚姻」および「嫡出子たる身分の取得」の各要件は婚内子と婚外子とを合理的理由なく差別扱いするものであって、憲法14条1項に反するからこれらの要件は無効であり、その結果、日本人父から認知された婚外子は国籍取得届出によって日本国籍を取得する、として国籍確認訴訟を提起すべきである。

3　これらの主張の根拠として、自由権規約24条1項、3項、子どもの権利条約2条1項、7条、女性差別撤廃条約9条2項を主張すべきである。

●解説

1　国籍法2条1号と出生後認知による国籍の取得

　わが国の国籍法は父母両系血統主義を採用しており、国籍法2条1号は「出生の時に父又は母が日本国民であるとき」、子は日本国民であるとしている。ここでいう「父又は母」とは、法律上の父母を意味し、日本人父と外国人母から生まれた子が婚内子（嫡出子）である場合には、妻から生まれた子は夫の子どもと推定され（法の適用に関する通則法〔法適用通則〕28条、民法772条）、当然に

日本国籍を取得するが、婚外子(非嫡出子)の場合には父の認知を必要とする(法例18条、民法779条)。したがって、日本人父が認知をした場合には、その効力が出生の時に遡り(民法784条)、子は「出生の時」に父が日本国民であるときに該当し、日本国籍を生来的に取得するものと解すべきである。

しかし、国は、国籍法上、認知の遡及効を否定している。子の出生前の認知、すなわち胎児認知がなされるならば子は日本国籍を取得するが、出生後に認知がなされた場合には、「出生の時に」日本人たる父が法律上存在していなかったとして、国籍取得を認めていない。このような取扱いは、法の下の平等を定めた憲法14条1項に違反するものであり、国際人権条約にも違反する(なお、日本人母と外国人父から生まれた子は、婚外子であっても、法律上の母子関係は分娩の事実によって当然に発生すると解されているため、国籍取得は当然に認められている)。

後述するように、最高裁判決は、国籍の浮動性防止を根拠として、婚外子に関して出生後認知による日本国籍の取得を認めていない国の扱いには、合理的根拠があると判示している。

2　国籍法3条1項に基づく届出による国籍取得

国籍法3条1項は、「父母の婚姻及びその認知により嫡出子たる身分を取得した子で20歳未満のもの」は「法務大臣に届け出ることによって、日本の国籍を取得することができる」と定め、婚内子の届出による日本国籍の取得を認めている。

しかしながら出生後の両親の婚姻という、子どもの意思ではどうにもならないいわば偶然的な出来事によって国籍取得の成否に差異が生じることに合理的理由があるものとは認めがたい。また、日本の国籍法制上、婚内子たる身分を取得したか否かによって国籍取得の成否に差異を設けるという制度はかつて存在せず、この点からも「嫡出子たる身分の取得」を要件とする国籍法3条1項は異質な制度であって、合理的根拠は認められない。

したがって、同条同項が「父母の認知」および法務大臣への届出を要件としている点については合理的理由が認められるとしても、「父母の婚姻」および「嫡出子たる身分の取得」を要件としている点については、憲法14条1項が禁止する合理的理由のない差別に該当するものである。よって、これらの要件は違憲無効であり、日本人父から認知を受け、かつ国籍取得届出を行った子は、日本

国籍を取得するものと解すべきである。

3　自由権規約の適用

(1)　自由権規約24条1項の解釈

　自由権規約24条1項は「すべての児童は、人種、皮膚の色、性、言語、宗教、国民的若しくは社会的出身、財産又は出生によるいかなる差別もなしに、未成年者としての地位に必要とされる保護の措置であって家族、社会及び国による措置についての権利を有する」と定め、同条2項は「すべての児童は、出生の後直ちに登録され、かつ、氏名を有する」とし、同条3項は「すべての児童は、国籍を取得する権利を有する」と定めている。出生の後に直ちに登録される権利、氏名保有権、国籍取得の権利は、「未成年者としての地位に必要とされる保護の措置」たる権利として、とくに重要であるため、明記されたものである。

　したがって、自由権規約24条1項、3項を「文脈によりかつその趣旨及び目的に照らして与えられる用語の通常の意味に従い、誠実に解釈する」（条約法条約31条1項）ならば、子どもは、「出生による差別なしに」「国籍を取得する権利」を有するものであり、締約国は、「差別なしに」子どもの「国籍を取得する権利」を「尊重し確保する義務を負う」ものである。

　自由権規約委員会は一般的意見18において、「差別の禁止の原則は、いかなる差別もなく法の前に平等であり、法による平等な保護をうける原則とともに、人権の保障に関する基本的かつ一般的な原則を構成する。従って、自由権規約2条1項によって、締約国は、自国内にあり、かつその司法管轄の下にある個人に対し、規約で認められる人権を、人種、皮膚の色、性、言語、宗教、政治上若しくはその他の意見、国民的若しくは社会的出身、財産、出生その他の地位等のいかなる理由による差別もなしに、尊重し確保する義務を負う」（1項）とする。

(2)　自由権規約2条1項の解釈

　自由権規約2条1項は、総則的規定として、条約上の個別的規定すべてに適用されるものであり、同24条3項で保障されている子どもの国籍を取得する権利は、無差別原則と結びついて適用されなければならない。

　また、一般的意見17は、無差別原則について、以下のとおり述べている。

　「規約は、児童が人種、皮膚の色、性、言語、宗教、国民的若しくは社会的出身、財産又は出生等のいかなる理由による差別に対しても保護されることを要

求する。この関連で、委員会は、規約の定める権利享有における無差別が、児童の場合には、2条からも由来し、そして、児童の法の前の平等が26条から由来する一方で、24条に含まれる無差別条項が、特に本条の規定で定める保護の措置に関連していることに留意する。

締約国による報告は、保護の措置が相続を含むあらゆる分野におけるすべての差別を、なかんずく国民たる児童と外国人たる児童との間における、または嫡出子と非嫡出子との間における差別を除去するためにとられることをどのように法令と実行が確保しているのかを示すべきである」(5項)。

そして、同8項は、24条3項で定める子どもの国籍を取得する権利について、「児童に与えられる保護の文脈において、24条に定められたすべての児童の国籍を取得する権利に対しても、特別の注意が払われるべきである。この規定の目的は、児童が無国籍のために社会及び国により相対的に低い保護しか与えられないことを防止することにあるが、国に対しその領域内で生まれたすべての児童に国籍を与えることを必ずしも義務づけるものではない。しかしながら、国は国内的にかつ他国と協力して、すべての児童が出生の時に国籍をもつことを確保するためのあらゆる適切な措置をとることを要請される。この関連で、国内法上、国籍取得に関するいかなる差別も、例えば、嫡出子と婚外子との間において、または親が無国籍の子どもとの間において、あるいは、一方又は双方の親の国籍上の地位に基づいては、許されるべきでない」としている。

これら一般的意見17の5項、8項からも、自由権規約24条1項、3項が、国籍取得に関するいかなる差別も許されないものとしていることは明らかである。

(3) 自由権規約委員会の第4回日本政府報告書に対する最終所見

自由権規約委員会は、日本政府の第4回政府報告書の審査につき、1998年11月5日に採択した最終所見において、「委員会は引き続き非嫡出子に対する差別について、とりわけ、国籍、戸籍と相続権の問題に関して懸念を表明する」として、国籍についての婚外子差別についての懸念を表明し、法制度を改正するための必要な手段をとることを勧告している。

4　子どもの権利条約の適用

(1) 子どもの権利条約2条1項の解釈

子どもの権利条約2条1項は、「締約国は、……出生又は他の地位にかかわ

らず、いかなる差別もなしにこの条約に定める権利を尊重し、及び確保する」と規定しており、「用語の通常の意味」に従えば、婚外子差別が「出生」による差別に該当することは明らかである。

　婚外子の相続分を婚内子の２分の１とする民法900条４項但書前段の規定を違憲であると判示した東京高決平５・６・23（家月45巻６号104頁）は、同条項を援用しており、婚姻の有無の問題が同条項の射程範囲にあることは明らかである。

(2)　子どもの権利条約７条１項の解釈

　また、同条約７条１項は「児童は、出生の時から氏名を有する権利及び国籍を取得する権利を有する」と規定している。同２条とあわせ、国籍取得に関する婚外子差別は、子どもの権利条約に違反するものである。

　ところで、子どもの権利委員会は、イギリスで出生した婚外子について、母親がイギリス国民であるかイギリスの定住者でないかぎり自動的にはイギリス国籍を取得できないとしているイギリス国籍法について、「主要な懸念事項」として、「無差別に関する（子どもの権利）条約２条について、その実施を確保するために取られた措置が不十分であることに懸念を表明する。特に、未婚の父がその子に国籍を伝える際に適用される制限は、条約７条及び８条の規定に反しており、それが児童に悪影響を及ぼすおそれがあることを懸念する」（CRC/C/15/Add.34, para.12）と述べている。

5　女性差別撤廃条約の適用

　1979年に国連で採択され、日本は1985年に批准した女性差別撤廃条約９条２項では、「締約国は、子の国籍に関し、女子に対して男子と平等の権利を与える」と規定している。この条約の批准が契機となり、日本では1984年に父母両系血統主義を採用した国籍法の改正が実現した。また、国籍法３条も、この改正時に新設された。

　女性差別撤廃条約９条２項は、単に子の国籍に関する女性の地位の向上を規定するだけではなく、男性と女性の地位が平等であるべきことを定めるものである。また、同条が夫婦間の平等にとどまらず広く子の国籍に関する男性と女性の間の平等を規定していることは条文の文言からも明らかであり、したがって婚内子のみならず婚外子についても国籍取得における両性の平等が果たされなけ

ればならない。

　同条約の批准を受けて国籍法が改正され、父母両系血統主義が採用された結果、日本人母の子は婚外子であっても例外なく当然に日本国籍を取得することとなった。ところが、日本人父の婚外子について見ると、日本国籍を取得できるのは胎児認知を受けた場合に限られており、父が日本人であるか母が日本人であるかにより、婚外子である子の国籍取得に重大な差異が生じることとなった。このような婚外子に関する「母系優先血統主義」ともいうべき現象は女性差別撤廃条約が予定し、めざすところではなく、むしろ子の国籍取得に関する男女平等という同条約の目的に反するものである。

6　日本における裁判例の状況

(1)　国籍法2条1号による国籍取得の主張に関して

　法律上の婚姻関係のない日本国民である父とフィリピン国籍を有する母との間に出生した子（法定代理人親権者）が、出生後2年9カ月あまり後に父から認知されたことにより、出生の時に遡って日本国籍を取得したと主張して、国に対して、日本国籍を有することの確認および日本国籍を有するものとして扱われなかったことによる慰謝料の支払を求めた事案がある。原告は、国籍法上、認知の遡及効が認められないという解釈は、父の認知があっても出生の時に父が日本国民ではないことになり、子は日本国籍を取得しえず、このような解釈は、憲法14条、自由権規約24条1項、同条3項、子どもの権利条約2条1項、7条に違反すると主張した。

　これに対し、大阪地判平8・6・28（判時1604号123頁）および大阪高判平10・9・25（判タ992号103頁）は、国籍法改正の経緯および国籍法3条の趣旨を根拠として、国籍法上は認知の効果は遡及しないとし、国籍法が日本人父と外国人母との間の婚外子について、胎児認知の場合を除き、出生後認知による日本国籍の取得を認めないことは立法政策上合理性を欠くものとはいえず、憲法14条の平等原則に照らして不合理な差別とはいえない、として原告の請求を棄却した。そして、国際人権法に関しては、自由権規約24条、子どもの権利条約2条および7条は、いずれも無国籍児童の一掃を目的としたものであり、国籍取得における婚外子差別は同条約に違反しないとした。

　上告審である最2小判平14・11・22（判時1808号55頁）は、国籍法2条1

号は、子の出生時に日本人の父または母と法律上の親子関係があることをもってわが国と密接な関係があるとして国籍を付与しようとするものである、生来的な国籍の取得はできるかぎり子の出生時に確定的に決定されることが望ましいとして（いわゆる国籍の浮動性防止）、出生後認知だけでは日本国籍を認めないことに合理的根拠があるから憲法14条には違反しないとし、国際条約違反の主張に関する判断は示していない。

　ただし、その補足意見において、国籍法3条につき、憲法14条1項に違反する疑いがきわめて濃いとした裁判官2名は、国籍の取得は基本的人権の保障を受けるうえで重大な意味を持つものであり、婚内子と婚外子とで差を設けるべきではない、自由権規約24条や子どもの権利条約2条にも、子どもが出生によっていかなる差別も受けないとの趣旨の規定があることを看過してはならない、と国際人権条約について言及した。

(2)　国籍法3条1項による国籍取得の主張に関して

　法律上の婚姻関係のない日本国民である父とフィリピン国籍を有する母との間に出生した子（法定代理人親権者）が、日本人父から認知を受けたことを理由として法務大臣に対し国籍取得届出を行ったところ、その届出が不受理とされたため、国籍法3条1項に基づき日本国籍を取得したことの確認を求めて、東京地方裁判所に提訴した事例がある。

　東京地判平17・4・13（判時1890号27頁）および東京地判平18・3・29（判時1932号51頁）は、いずれも原告の請求を容れて、原告らが届出により日本国籍を取得したことを確認した。ただしその理由として、東京地判平17・4・13は、国籍法3条1項の「父母の婚姻」には法律上の婚姻のみならず事実上の婚姻すなわち内縁関係も含まれるとし、「嫡出子たる身分の取得」の要件は憲法14条1項に反し無効である、として、内縁関係にある両親の子である原告が日本人父から認知され、かつ国籍取得届出をしたことを理由にその日本国籍を認めた。また、国籍法3条1項の国際人権法適合性については特段の言及はない。これに対し東京地判平18・3・29は、端的に「父母の婚姻」および「嫡出子たる身分の取得」の両要件が憲法14条1項違反であり無効である、として原告の日本国籍を認めた。また国際人権法適合性については、これらの条約等が日本政府に対し婚外子に対する日本国籍の付与を一義的に義務づけているとは解しがたい等の理由で、原告の主張を排斥した。

これらの事件の控訴審である東京高判平18・2・28および東京高判平19・2・27は、原審の判断を覆し、原告の請求を棄却した。いずれの判決も、国籍法3条1項の定める要件のうち一部の要件を違憲無効とすることは実質的に新たな国籍取得制度の創設という立法作用を行うこととなり、立法権の侵害にあたるから、裁判所はかかる判断をすることは許されない、として国籍法3条1項の「父母の婚姻」および「嫡出子たる身分の取得」要件が憲法14条1項に違反するか否かの実質判断を回避したまま、原告の請求を退けた（東京地判平17・4・13の控訴審判決である東京高判平18・2・28は、国籍法3条1項の「父母の婚姻」要件には内縁関係は含まれない、とも判示した）。また両控訴審判決とも、国籍法3条1項の国際人権規約への適合性いかんについては言及していない。これら高裁判決は平等原則に基づく違憲立法審査権を放棄するものであり、憲法14条1項の裁判規範性を否定し同条を死文化するものではないかとの疑問がある。

【国際人権法の条文】
（女性差別撤廃条約）
9条2項　締約国は、子の国籍に関し、女子に対して男子と平等の権利を与える。
（自由権規約）
2条1項　この規約の各締約国は、その領域内にあり、かつ、その管轄の下にあるすべての個人に対し、人種、皮膚の色、性、言語、宗教、政治的意見その他の意見、国民的若しくは社会的出身、財産、出生又はその他の地位等によるいかなる差別もなしにこの規約において認められる権利を尊重し及び確保することを約束する。
24条1項　すべての児童は、人種、皮膚の色、性、言語、宗教、国民的若しくは社会的出身、財産又は出生によるいかなる差別もなしに、未成年者としての地位に必要とされる保護の措置であって家族、社会及び国による措置についての権利を有する。
2項　（略）
3項　すべての児童は、国籍を取得する権利を有する。
（子どもの権利条約）
2条1項　締約国は、その管轄の下にある児童に対し、児童又はその父母若しくは法定保護者の人種、皮膚の色、性、言語、宗教、政治的意見その他の意見、国民的、種族的若しくは社会的出身、財産、心身障害、出生又はその他の地位にかかわらず、いかなる差別もなしにこの条約に定める権利を尊重し、及び確保する。
7条1項　児童は、出生の後直ちに登録される。児童は、出生の時から氏名を有する権利及び国籍を取得する権利を有するものとし、また、できる限りその父母を知りかつその

父母によって養育される権利を有する。
2項　締約国は、特に児童が無国籍となる場合を含めて、国内法及びこの分野における関連する国際文書に基づく自国の義務に従い、1の権利の実現を確保する。

【参考裁判例】
　韓国人女性と、夫ではない日本人男性との間に生まれた子どもによる日本国籍確認請求訴訟について、父である日本人男性が、民法上の嫡出推定の規定が障害となり、胎児認知ができなかったケースにつき、嫡出推定されなければ父により胎児認知がされたであろうと認めるべき特段の事情がある場合には、母の夫と子との間の親子関係の不存在を確定するための法的手続が子の出生後遅滞なくとられたうえ、不存在が確定されて認知の届出を適法にすることができるようになった後、速やかに認知の届出がされることを要するとの判断を示し、国籍法2条1号による日本国籍の取得を認めた事案（最2小判平9・10・17判評472号38頁・判時1634号200頁、最1小判平15・6・12判時1833号103頁）。

【参考文献】
・奥田安弘・判例評論472号（1998年）38頁以下
・奥田安弘「国際人権法における国籍取得権」高見勝利編『人権論の新展開』（北海道大学図書刊行会、1999年）
・鳥居淳子「渉外判例研究」ジュリスト1197号（2001年）92頁以下
・奥田安弘「国籍法における非嫡出子差別の合憲性」北大法学論集54巻2号（2003年）
・山口元一「国籍・戸籍・身分関係」東京弁護士会外国人の権利に関する委員会編『実務家のための入管法入門〔改訂版〕』（現代人文社、2006年）

　　　　　　　　　　　　　　　　　　　雪田樹理（大阪弁護士会）＋近藤博徳（東京弁護士会）

難民性と難民の地位

> 　A国（軍事政権）のB氏が、A国での政治的な活動を理由として迫害を受けるおそれがあるとして、日本に入国して庇護を求めようと考えていた。しかし、入国時に入管に庇護を求めたB氏は、パスポートが偽造であることが判明し、そのまま入管に収容され、収容中に難民認定手続上のインタビューを受けた。一方で、退去強制手続も開始され、入国から半年後に第一次の不認定処分と同時に退去強制令書も発付された。結局B氏は、1年間収容された後に仮放免となり、難民の異議申出が認められて難民としての認定を受けた。
> 　また、C国のD氏は、C国内では宗教と認められていない宗教を信仰していることを理由に難民申請をした。D氏は、難民申請前に日本で知り合ったE国籍の女性と結婚して小学4年生になる子どもがおり、家族間のコミュニケーションは日本語でなされていたが、D氏も妻も難民申請時にはオーバーステイとなっており、子どもにも在留資格がなかった。
> 　これらの場合に考えられる法的な対応と主張内容はどのようなものか。

1　まずは難民性の立証活動を要する。同時に、本国における迫害が拷問に該当するようなものであれば、拷問等禁止条約に基づく強制退去の禁止の主張をする。
2　収容中には、身体拘束を解くための法的な手続をとることが必要である。第1に、仮放免の申請。第2に、退去強制令書発付処分取消請求訴訟の提起と同時に、送還部分のみならず収容部分も含めた執行停止の決定を求めて申立をする。
3　異議手続で難民として認定を受けた場合は、第一次の判断の誤りが国家賠償法上の違法・過失を構成するかどうかを検討し、場合によっては国家賠償請求を行う。

4 また、難民性が認められない場合でも、日本で生活してきた家族がいる場合には、自由権規約や子どもの権利条約に基づく家族統合や、子どもの最善の利益を保障する見地から、在留を認めるべきとの主張を展開する。

● 解説

1 難民条約上の難民該当性

　難民の問題を取り扱う際に、「難民」の定義や要件を押さえておくべきである。ここで扱うのはあくまでも難民条約上の「難民」であるし、また難民法の領域は、他の法域と異なる特殊性が存在するからである。

(1) **難民の定義**

　難民とは、1951年難民の地位に関する条約1条A、1967年難民の地位に関する議定書によって「人種、宗教、国籍若しくは特定の社会的集団の構成員であること又は政治的意見を理由に迫害を受けるおそれがあるという十分に理由のある恐怖を有するために、国籍国の外にいる者であって、その国籍国の保護を受けることができないもの又はそのような恐怖を有するためにその国籍国の保護を受けることを望まないもの及びこれらの事件の結果として常居所を有していた国の外にいる無国籍者であって、当該常居所を有していた国に帰ることができないもの又はそのような恐怖を有するために当該常居所を有していた国に帰ることを望まないもの」と定義される。

(2) **日本における難民認定手続の枠組み**

　難民申請者は、まず地方入国管理局の担当窓口に難民申請書を持参する。

　難民申請が受理されると、入国管理局の難民調査官がその申請内容を調査する。難民調査官は調査の結果を事案概要書にまとめ、意見を付して地方入国管理局局長に報告する。地方入管局長は、事案に対して意見を記載し、関係記録を添えて法務省本省入国管理局長宛てに進達する（法務省入国管理局「難民認定事務取扱要領」）。法務省本省では、一次審査においては総務課の下にある難民認定室がこれを受け取り、入管局長を中心に最終結論を出し、法務大臣名で決定を下すことになる。

　一次の決定が不認定処分であった場合、申請者は7日以内に異議申立ができる（入管法61条の2の9）。この異議申出の手続は、部門が異なるものの（審判

部門)、同じ地方入管に対してなされる。そして、異議申立の段階においては、2004年の法改正によって不服申立手続に難民参与員が諮問機関として入ることになり（出入国管理及び難民認定法の一部を改正する法律〔平成16年6月2日法律第73号〕)、基本的にこの難民審査参与員の前で口頭意見陳述を行い、審尋を受けることになる。難民審査参与員が当該案件に対する意見をまとめ、事実上これに拘束されるかたちで法務大臣名で決定が下されることになる。

(3) 難民該当性の基本的な要件

難民の定義については冒頭に示したが、その該当性の要件は、①本国の外にあること、②十分に理由のある恐怖、③迫害、④理由である。

迫害の内容については、入管も裁判所も「生命又は身体の自由の侵害または抑圧」と狭く解釈することが多い。しかし、迫害は「国家の保護の欠如を伴う基本的人権に対する持続的もしくは系統的危害」であり、迫害を認定するにあたっては広く、経済的・社会的自由、精神的自由に対する抑圧や侵害も検討されなければならない。

理由は、難民の定義である「人種」「宗教」「国籍」「特定の社会的集団の構成員であること」「政治的意見」の5つのうちの1つないし複数の該当性をいう。

(4) 立証責任・立証基準

難民認定手続において、難民調査官は申請者に対して、難民であることを立証する責任はあなたにあると告知している。確かに基本的な申請者自身の活動の内容について彼／彼女が語らなければ始まらないので、申請者に立証の責任があることは否定できない。ただ、ほとんど資料を持たずに出国してくる申請者に立証責任を全面的に被せようというのは難民条約における庇護の精神に合致しない。とくに、「出身国の人権状況」や「同様の状況に置かれている者の事情」等の分析は、まさに豊富に情報を収集しうる認定機関側が責任をもって収集分析をし、調査を遂行する義務があるというべきである。

難民認定手続における「立証基準」とは、難民認定申請者がその主張の真実性について、審判者を説得するためにどの程度まで立証をしなければならないか、の基準をいう。

その「十分な理由」とは、提出された証拠によっては客観的な迫害の可能性が50％以下であると推測される場合であっても、当該申請者が置かれた状況に合理的な勇気を有する者が立ったときに、「帰国したら迫害を受けるかもしれない」

と感じ、国籍国への帰国をためらうであろう、と評価しうる場合に、その恐怖には「十分な理由」があると緩やかに判断することが合理的な基準である。

(5) 信憑性

申請者の信憑性の評価は、事実の確定に際してなされる非常に重要な作業である。

難民の認定行為は「難民であることを有権的に確定する行為」であって、「裁量行為ではない」(坂中英徳・齋藤利男『全訂出入国管理及び難民認定法逐条解説』〔日本加除出版、2000年〕717頁)。そして裁量行為について定めたものではない以上、申請者が難民の要件に該当する事実が備わっていると認めるときは、羈束的に難民の認定をしなければならないことになる。この点において、難民認定行為はまさに事実の当てはめ行為・確認行為ということになる。

したがって、認定機関には個々の外国人が難民の要件に該当する事実を具備しているかどうかを誤りなく判断することが要求される。そして、この事実の確定において、信憑性判断は決定的な要素となるのである。かかる信憑性判断の重大性は、申請者が証言のすべてを裏づける物証や書証を提出しうることがむしろ例外であるという難民の特殊性等の諸事情に鑑みれば、難民の判断において中核的な要素となる。

2 難民法の客観的水準と実務との乖離

(1) 客観的な水準

残念ながら日本には、いわゆる難民法を全般に論じた教科書のようなものは存在しない。しかし、近時、難民問題が取り上げられるようになって、論文の蓄積もみられるようになってきた。

難民の定義、立証責任・立証基準、信憑性、適正手続等、難民認定に関して論ずべき内容は膨大にあるが、これらの基本的な概要を理解していることは、入管と正面から議論をするときにも必要である。

参考にすべき文献としては、国連難民高等弁務官事務所(UNHCR)が出している『難民認定基準ハンドブック』および『UNHCR執行委員会・難民の国際的保護に関する結論(選集)』がある。これらは難民手続の解釈基準としての役割を果たしているため、本稿中における各論点を裁判で主張する際には、証拠として提出するとよい。

(2) 入管の基準

　入管の「基準」なるものは明確に提示できるところまで客観化されていない。不認定理由を分析するかぎり、日本は独自の基準をもって運用しているといわざるをえず、国際的なレベルに到達していない。

　申請者の出身国に関する状況認識が十分でなく、その難民性の判断の基準も誤っているといわざるをえないが、少なくとも入管側が判断要素として重きを置いている点は準備の中で意識されるべきであろう。

　以下に、現在の入管が判断要素としてポイントにしている点を列挙する。

　①パスポート取得・ビザ取得の経緯
　②本国政府に個別に把握されているかどうか
　③日本に来てからの稼動状況と家族への送金の有無・その多寡
　④家族の日本在留の有無と在留状況　等々

　これらの事実は必ずしも申請者の難民性の有無に直結する問題ではない。本来的には申請者に「迫害のおそれ」が存在するかぎり、以上の事実は関連性なしと判断されるべきものである。しかし、入管の理由づけにはこれらの点に関連しての判断が示されることが多いので、一般論的に誤っているという議論はもちろんのこと、無駄な争点を回避するという意味で、疑問に対しては必要なかぎりで反論をしておくことは考えておいてよい。

3　その他の条約義務の履行

　以上が難民条約上の問題であるが、ほかにも難民やその家族に関係する国際条約が存在する。

(1) 拷問等禁止条約

　難民条約と類似の機能を果たすものとしては、先に述べた拷問等禁止条約がある。同条約3条では、本国において拷問等の危険が認められる場合は、本国への送還はノン・ルフールマンに違反するものとして認められないとする。この条約に基づく送還禁止は「理由」の存在を必要としないため、難民条約による保護よりも広いものといわれており、難民として認定されない場合であってもかかる拷問等禁止条約3条の該当性は判断されなければならないのである。

(2) 子どもの権利条約・自由権規約

　D氏のようなケースは実際にいくつか存在する。このような事案で難民申請者

の難民認定がなされれば、この家族は家族統合の原則によって基本的に保護されるが、認定がなされない場合には子ども権利等の他条約からの考察が必要となる（次節「在留特別許可」および後掲「退去強制される子ども」参照）。

　これら人権条約が強制退去に直面している外国人に対して、どのように適用されるかという問題がある。

4　収容問題——難民申請者の地位

　収容問題は、難民の実質に関わる問題というよりもその外延の問題である。難民だけではなく退去強制手続の対象となる外国人全般に及ぶ。日本の制度上、難民認定申請をしても当然に退去強制手続が停止するような仕組みになっていないために生ずる問題である。

　ここでの問題の中心は難民申請者に対する収容の問題である。退去強制手続と難民申請手続との関係が条約批准時に認識されていなかったためか、難民申請をしてもその申請者に退去強制事由があれば、その者に対して退去強制手続と難民認定手続が並行的に進行することになっている。2004年の法改正において仮滞在許可制度が新設されることになったので、この範囲では退去強制手続が回避されることになったが、許可を得られない者については、これまで同様、今後も収容問題は多くの難民申請者を苦しめることになる。

(1)　行政手続における身体の拘束と令状主義

　憲法33条は令状主義を定めているが、入管法に基づく収容に対しても、身体の拘束という重大な法益に関わるから同条が準用されうる。

　33条の趣旨は、「身体の拘束の正当性が原則として事前に、裁判所により判断されるということである。行政手続の場合は、裁判所が判断するに必ずしも適しない問題もあろう。しかし、少なくとも裁判所と同視しうるような中立性を備えた判断機関が必要である」し、また「拘束後その誤りが判明したり、事情が変わったりしたときに、速やかに解放を請求しうる手続も必要」と考えられている（野中俊彦ほか『憲法Ⅰ〔第3版〕』〔有斐閣、2002年〕387〜388頁）。

　これを国際人権の観点からみると、自由権規約9条1項は、「何人も、恣意的に逮捕され又は抑留されない」と定めており（前掲野中ほか『憲法Ⅰ〔第3版〕』388頁）、必要性のない収容は、「恣意的」抑留にあたるとされている。入管における収容も憲法や条約の視点に沿って判断されることが必要である。

(2) 比例原則

　行政権の裁量権行使にあたって、当然ここに挙げたような条約が直接の統制の根拠足りうるのであるが、同時に行政権の統制についての比例原則においても比較考量中に生かされる。

　その目的達成するための手段は、意図した目的達成の効果を持ち、かつ当事者にとって最も負担の少ないものでなければならないし、手段と目的との均衡がとれていること、つまり当該手段を用いることによって得られる利益が当該手段によって損なわれる利益を上回っていることが必要とされる。かかる原則は比例原則といわれるものであり、その憲法上の根拠については争いがあるものの、当該原則が行政法の分野でも認められることは当然のこととされている。

　条約の自動執行力等を背景として直接適用することで行政権の行使の違法を問うことが可能な場合もあろうが、少なくとも比例原則の適用の下では、条約上の権利の価値と行政目的との比較考量によって上記の手段と目的の均衡が損なわれている場合などは、行政権行使が違法となるのである。

　退去強制令書発付処分取消訴訟に伴う収容の執行停止を認めた決定にこの趣旨が生かされているものがある(東京地決平14・3・1判時1774号25頁以下)。

(3) 入管における収容

　入管における強制収容には、収容令書に基づく収容と、退去強制令書発付に伴う収容とがある。前者の収容令書は入国警備官の請求により、その所属官署の主任審査官が発付することになっているが、憲法学者からも、かかる手続について「判断機関が中立的といえるかどうか疑問である」と指摘されている。

　また、退去強制令書発付に伴う強制収容についても同様の問題があると同時に、とくに退去強制令書発付に伴う収容は収容期間について期限が定められておらず、上記の収容後の解放手続も「仮放免許可」に基づく制度しか用意されておらず基本的に入管の裁量に委ねられているため、令状主義の趣旨は及ぶべくもないのが現状である。明らかに改善を要する問題である。

　この収容問題に関連して、近時問題提起をして前進をみせているのが収容の執行停止に関する決定である。

(4) 難民申請者の収容と難民条約31条

　難民条約は31条2項において、同条1項の規定に該当する難民の移動に対し必要な制限以外の制限を課してはならない旨を規定しているのであり、難民

に該当する可能性のあるものについて、不法入国や不法滞在に該当すると疑うに足りる相当な理由があることのみをもって、退去強制令書を発付して収容を行い、その人身の自由を制限することは、難民条約31条2項に違反するものである。

この観点をどう退去強制手続に反映させていくのか、難民申請者の法的地位の確立も今後の課題である。

【国際人権法の条文】
（難民条約）
31条1項　締約国は、その生命又は自由が第1条の意味において脅威にさらされていた領域から直接来た難民であって許可なく当該締約国の領域に入国し又は許可なく当該締約国の領域内にいるものに対し、不法に入国し又は不法にいることを理由として刑罰を科してはならない。ただし、当該難民が遅滞なく当局に出頭し、かつ、不法に入国し又は不法にいることの相当な理由を示すことを条件とする。
2項　締約国は、1の規定に該当する難民の移動に対し、必要な制限以外の制限を課してはならず、また、この制限は、当該難民の当該締約国における滞在が合法的なものとなるまでの間又は当該難民が他の国への入国許可を得るまでの間に限って課することができる。締約国は、1の規定に該当する難民に対し、他の国への入国許可を得るために妥当と認められる期間の猶予及びこのために必要なすべての便宜を与える、

（拷問等禁止条約）
3条1項　締約国は、いずれの者をも、その者に対する拷問が行われるおそれがあると信ずるに足りる実質的な根拠がある他の国へ追放し、送還し又は引き渡してはならない。
2項　権限のある当局は、1の根拠の有無を決定するに当たり、すべての関連する事情（該当する場合には、関係する国における一貫した形態の重大な、明らかな又は大規模な人権侵害の存在を含む。）を考慮する。

【参考裁判例】
・東京地決平13・12・27判例時報1771号76頁
　「元来、我が国の法体系下において、このように人権に重大な制約を及ぼす行為を単なる行政処分によって行うこと自体が異例なのであるから、それに直接携わる行政機関はもとより、その適否を審査する裁判所においても、この処分の取扱いには慎重の上に慎重を期すべき」であると判示しており、今後かかる見地から裁判所による司法的抑制機能の果たされることが期待される。
・広島地判平14・6・20

難民条約31条1項および入管法70条の2に基づき、難民に対して刑の免除をした。ただし、控訴審である広島高判平14・9・20（判時1814号161頁）では、難民性は認定されたものの刑の免除は否定された。
・東京地判平15・5・7
　本文中のような事例で「児童の権利に関する条約3条1に規定する『児童の最善の利益』及び同条9条1に規定する『児童がその父母の意思に反してその父母から分離されないことを確保する』との原則は、在留制度の枠内において主として考慮されるものというべきであって、本件各裁決が比例原則に反し、原告D及びM（原告子どもらのこと）の『最善の利益』を考慮していないことから、児童の権利に関する条約の各規定に反して違法であるとする原告らの主張は理由がない」と判示した。
・名古屋地判平15・9・25判タ1148号138頁
　「原告がミャンマーに帰国すれば、軍事政権によって、身体的、精神的な危害が加えられることが容易に予想される」として迫害概念の広がりの萌芽をみせている。
・東京地判平15・9・19、東京地判平15・10・17
　難民の事件ではないが、比例原則を前提に子どもの権利に着目し、退去強制令書発付処分を取り消した。
・東京地決平15・8・8
　「論理的には難民該当性の判断を退去強制令書発付の判断に先行させる必要がある」と明示した。
　上記のほか、各国難民認定機関の決定が参考になる。

【参考文献】

・新垣修「難民条約における『迫害』の解釈－国際社会と日本」志学館法学3号（2002年）163頁以下
・児玉晃一「収容問題についての総括」法と民主主義372号（2002年）
・国連難民高等弁務官事務所『難民認定基準ハンドブック〔改訂版〕』（財団法人法律協会、2000年）
・新垣修「難民条約第一条における『条約上の理由』の解釈」志学館法学5号（2004年）123頁以下
・児玉晃一編『難民判例集』（現代人文社、2004年）
・本間浩『国際難民法の理論とその国内的適用』（現代人文社、2005年）
・日本弁護士連合会人権擁護委員会編『難民認定実務マニュアル』（現代人文社、2006年）
・International Association of Refugee Law Judges, '1998 IARLJ Conference: Pre-Conference Workshop for New Refugee Law Judges', IARLJ, 1998

　　　　　　　　　　　　　　　　　　　　渡辺彰悟（第一東京弁護士会）

在留・入国

在留特別許可

> 日本に短期滞在で入国したバングラデシュ人男性Aは、滞在期間を徒過した後も滞在を続け、約8年にわたって日本の企業で稼動し、数年前から同僚であった日本人女性Bと交際を始め、やがて同居した。その後、そのAが路上で職務質問を受けて不法滞在が発覚し、逮捕された。しかし、後にBが市役所に婚姻届を提出して受理されている。
> このような場合、Aから相談を受けた弁護士は、どう対処すべきか。

1　在留特別許可を申し出る。
2　仮に認められなかった場合には、法務大臣裁決・退去強制令書発付の取消しを求めて訴訟を提起する。その根拠として、国際人権法の関係では自由権規約17条、23条を主張する。

●解説

1　在留特別許可の意義

　出入国管理及び難民認定法（以下、入管法）24条は「次の各号のいずれかに該当する外国人については、次章に規定する手続により、本邦からの退去を強制することができる」と規定し、同条4号ロは「在留期間の更新又は変更を受けないで在留期間を経過して本邦に残留する者」と定めている。そのため、在留期間を経過してわが国に滞在する者が警察に逮捕された場合は、刑事裁判を経て、あるいは刑事裁判を経ることなく、退去強制手続に付される。

　しかしながら、退去強制手続において容疑者は、入国審査官の退去強制事由に該当するとの認定（入管法47条2項）については、特別審理官に対して口頭審理を請求することができる（入管法48条）。さらに、特別審理官による入国審査官の上記認定に誤りがない旨の判定については、法務大臣に対して異議を申し出ることができる（入管法49条1項）。そして、入管法50条1項は「法務大臣は、前条第三項の裁決（異議の申出が理由があるかどうかの裁決―筆者注）に当っ

て、異議の申出が理由がないと認める場合でも、当該容疑者が左の各号の一に該当するときは、その者の在留を特別に許可することができる。……四　その他法務大臣が特別に在留を許可すべき事情があると認めるとき」と規定している。つまり、退去強制事由に該当する外国人であっても、「特別に在留を許可すべき事情」が認められる場合には、在留特別許可が与えられるのである。

　なお、在留特別に関する裁決の権限は、法務大臣の委任に基づいて地方入国管理局長も行うことができ（入管法69条の２、入管法施行規則61条の２第10号）、実務上はほとんどのケースで地方入国管理局長が裁決を行っている。

2　在留特別許可と自由権規約

　わが国においては、最３小判昭34・11・10（民集13巻12号1493頁）が「出入国管理令50条に基づき在留特別許可を与えるかどうかは法務大臣の自由裁量に属するものと解すべきこと」と判示し、さらに在留期間更新申請に関するいわゆるマクリーン事件判決（最大判昭53・10・4民集32巻7号1223頁）が「出入国管理令21条３項所定の『在留期間の更新を適当と認めるに足りる相当の理由』があるかどうかの判断における法務大臣の裁量権の範囲」についてこれを「広汎」なものとしたうえで、「出入国管理令21条３項に基づく法務大臣の『在留期間の更新を適当と認めるに足りる相当の理由』があるかどうかの判断……に関する前述の法務大臣の裁量権の性質にかんがみ、その判断が全く事実の基礎を欠き又は社会通念上著しく妥当性を欠くことが明らかである場合に限り、裁量権の範囲をこえ又はその濫用があつたものとして違法となるものというべきである」と判示していることとの対比から（つまり、在留資格のある外国人においても法務大臣の広汎な裁量が認められるのだから、いわんや退去強制手続の対象になる在留資格のない外国人に対する処分をや、というわけである）、あるいは入管法50条１項３号に文言上在留特別許可を付与すべき要件がなんら規定されていないことから、在留特別許可に関する法務大臣の権限をまったくの自由裁量と解する傾向が強い（たとえば、東京高判平12・6・28訟月47巻10号3023頁）。

　しかしながら、出入国管理行政に最も深く関係する国際法は人権規範であり、とくに自由権規約の中には、出入国の分野と関わりの深い規定が多数存在する。国際慣習法上、国家が外国人を受け入れる義務を負わないとのテーゼの是非はともかくとして、「特別の条約」（上記最大判昭53・10・4参照）たる各種人権条

約が存在する現代社会においては、なんら制約のない出入国管理行政を「国家の自由」から導き出すことは妥当でない。そして、一般的に、国際法である条約は法律よりも上位の効力を有するのであるから、入管法に基づく退去強制〜在留特別許可に関する法務大臣ないし入管当局の処分も、自由権規約をはじめとする国際人権法の趣旨に沿ったものであるか否かが厳密に検討されなければならない。

なお、自由権規約の適用方法については、憲法98条2項の趣旨および同規約が個人を主体とした自由権的基本権を内容としていることからすると、国内法として、法律に優位する直接的効力を有すると解するのが妥当であるが（徳島地判平8・3・15判時1597号115頁、大阪高判平6・10・28判時1513号71頁参照）、人権条約の活用に消極的な日本の裁判所の姿勢を考慮すると、あるいは、法務大臣に入管法上認められた裁量に関する制約基準という形で、条約を解釈指針として主張することも考えられる。

3　在留特別許可と自由権規約の各条項の解釈

本件において関連する自由権規約は、私生活・家族等の尊重を規定した17条と、家族の保護を規定した23条である。

条約法条約31条1項が「条約は、文脈によりかつその趣旨及び目的に照らして与えられる用語の通常の意味に従い、誠実に解釈するものとする」と規定する意味については別稿に譲るが、同条約32条が、「前条の規定の適用により得られた意味を確認するため又は次の場合における意味を決定するため、解釈の補足的な手段、特に条約の準備作業及び条約の締結の際の事情に依拠することができる。(a)前条の規定による解釈によっては意味があいまい又は不明確である場合、(b)前条の規定による解釈により明らかに常識に反した又は不合理な結果がもたらされる場合」としていることには注意を要する。付属的資料には、伝統的解釈として、条約の準備作業段階の事情、条約に基づく判例法、同種の他の条約の同一または類似の条項に関する判例法が含まれるとされているが、自由権規約の場合は、①自由権規約の準備作業段階の記録、②自由権規約委員会が自由権規約の個々の条文を解釈するガイドラインとして公表している「一般的意見」、自由権規約に掲げられている諸権利の侵害の犠牲者であると主張する個人からの通報（なお、日本は通報制度を規定する選択議定書を批准していな

い）に対する審理の結果である「見解」、③欧州人権条約等の同種の国際条約の内容およびこれに関する裁判例がこれにあたる（前掲大阪高判平6・10・28参照）。

(1) 私生活・家族等の尊重（17条）

　自由権規約委員会は、一般的意見16において、自由権規約17条（私生活・家族等の尊重）が禁止する「恣意的」「不法」な干渉について、法に基づいてなされた干渉であっても、自由権規約の規定、目標および目的に合致しないものは「恣意的」な干渉とされるとし、さらに「干渉」が許されるためには、どのようなことがあろうと特定の状況の中で合理的でなければならないとする（4項）。そして、規約に合致する干渉でさえも、関連法規により、そのような干渉が許される条件を正確かつ詳細に明記しなければならず、また、許される干渉を実施する場合の決定は、法で定められた機関が事案ごとにしなければならない。

　そして、同委員会は、1981年4月9日、夫婦の同居は家族の通常の行為であり、家族のうち親しい者（close member of his family）が居住している国から追放することは17条の規定する「恣意的」「不法」な干渉にあたるとし、モーリシャス女性と結婚した外国人男性の同国からの強制送還は本条に違反するとの見解を示した（Shirin Aumeeruddy-Cziffra and 19 other Mauritian women v. Mauritius, Communication No.35/1978）。

　欧州人権条約8条は、「1項　すべての者は、その私的及びその家族生活、住居及び通信の尊重を受ける権利を有する。2項　この権利の行使については、国の安全、公共の安全若しくは国の経済的福利のため、また、無秩序若しくは犯罪の防止のため、健康若しくは道徳の保護のため、または他の者の権利及び自由の保護のため民主的社会において必要なもの以外のいかなる公の機関による干渉もあってはならない」と定めている。自由権規約17条は、欧州人権条約8条によって確認され、成立した国際慣習法をモデルとして追認し拡充したものであるから、上記条約法条約32条によると、自由権規約の締約国は、自由権規約の解釈に際しては、欧州人権条約8条に関する裁判例の示す考えを採用し、あるいは尊重すべきである。

　この点、欧州人権裁判所は、2歳のときに家族とともにモロッコからベルギーに移住し、少年時に強盗などを繰り返し、加重窃盗等22の犯罪により懲役26月の実刑となった20歳の男性に対してベルギー当局が行った退去強制処分を、家族がベルギーに合法的に滞在していること、生活の基盤がベルギーにありモ

ロッコにはないことなどから、欧州人権条約違反とし（Moustaquim v. Belgium, 18/02/1991）、オランダ人女性と離婚した後に長女と面会をしながらオランダに滞在していたモロッコ人男性に対してオランダ当局が行った在留資格延長不許可処分について、家族生活の侵害として、同条約8条違反としている（Berrehab v. The Netherlands 21/06/1988）。

(2) 家族の保護（23条）

本条は、恣意的もしくは不法な干渉を禁じる17条に対する制度的保障としての意味を含む。すなわち、本条は家族を社会の自然かつ基礎的な単位として位置づけ、国家および社会との関係でこれを保護すべき積極的な義務を締約国に課している。

なお、前掲Shirin Aumeeruddy-Cziffra and 19 other Mauritian women v. Mauritius事件において、自由権規約委員会は、家族に対する保護は差別的であってはならないとの見解を表明している。

(3) 本件への適用

本件において、バングラデシュ人男性Aは日本人女性Bと婚姻し、同居し、家族を形成している。夫婦が愛情を基礎とする共同体であることに鑑みると、かかる評価は、婚姻届が摘発に先行し、婚姻後に逮捕により同居が妨げられている場合と変わりがなく、国家は本件の夫婦を尊重すべき義務を負う。したがって、男性に対して在留特別許可を認めず、退去強制令書を発付することは、具体的な状況のもとで合理性を欠き、家族に対する恣意的、不法な干渉を禁止する自由権規約17条に違反する。

また、日本人と結婚した外国人に「日本人の配偶者等」という在留資格が認められ、さらに在留資格のない場合であっても婚姻後に自ら入国管理局に出頭した多数の事件で在留特別許可が認められている点を考慮すると、本件で在留特別許可を与えないことについては、婚姻届の時点における在留資格の有無で、あるいは自主的に当局に出頭したか否かによって、差別的に扱い、家族の保護を否定することにほかならず、家族の保護を国の責務とする自由権規約23条の趣旨に反する。

4　わが国における裁判例の状況

わが国には、逮捕後に日本人女性との婚姻届を提出した外国人男性に対する

異議の申出に理由がないとの裁決について、「我が国の国民が外国人と婚姻した場合においては、国家としても、当該外国人の在留状況、国内事情、国際情勢等に照らして当該外国人の在留を認めるのを相当としない事情がある場合は格別、そうでない限り、両名が夫婦として互いに同居、協力、扶助の義務を履行し、円満な関係を築くことができるようにその在留関係等について一定の配慮をすべきものと考えられ、B規約23条も『家族は、社会の自然かつ基礎的な単位であり、社会及び国による保護を受ける権利を有する。』、『婚姻をすることができる年齢の男女が婚姻をしかつ家族を形成する権利は、認められる。』と規定し、その趣旨を明らかにしているところである」としたうえで、「配慮がなされるべき両名の真意に基づく婚姻関係について実質的に保護を与えないという、条理及びB規約23条の趣旨に照らしても好ましくない結果を招来するものであって、社会通念に照らし著しく妥当性を欠くものといわなければならない」として、法務大臣の裁量権の範囲の逸脱または濫用を認めたものがある（東京地判平11・11・12判時1727号94頁）。自由権規約23条の趣旨を裁量の制約基準として援用したもので、先に指摘した間接適用の一例として注目に値する。

しかしながら、その後、上記裁判例と別の事件において、この判旨に反する上記東京高判平12・6・28、最3小判平16・2・24（（行ヒ）277号、判例集未登載）が出されるなど、判例上は、未だに国際人権規約の趣旨が十分に活用されているとはいいがたい状況にある。

なお、強制送還実施後の家族の再結合に関する入管法上の制度としては上陸特別許可（入管法12条）を参照されたい。

【国際人権法の条文および一般的意見】
（自由権規約）
17条1項　何人も、その私生活、家族、住居若しくは通信に対して恣意的に若しくは不法に干渉され又は名誉及び信用を不法に攻撃されない。
23条1項　家族は、社会の自然かつ基礎的な単位であり、社会及び国による保護を受ける権利を有する。
（自由権規約委員会による一般的意見16）
3　"不法に"（unlawful）という言葉の定義は、法によって認められた場合を除いては、その干渉が発生してはならないという意味である。国家によって認められる本権利に対する干渉というものは、法に基づいてのみなし得るものであり、その法はそれ自体、この国

際規約の規定、その目的及び目標に合致していなければならない。
4 "恣意的な干渉"(arbitrary interference)という語句も又第17条により保護される権利に関連するものである。本委員会の見解によると"恣意的な干渉"という語句は、法に規定された干渉をも含むものである。法によって規定された干渉であってさえも、本規約の規定、目的及び目標に合致しなければならないし、かつまた、どんな事があろうとも、特定の状況の下で、合理的な干渉でなければならないということを保障しようとして、"恣意的"という概念を導入したものである。

【参考裁判例】
　本文に摘示したもののほか、日本人女性と婚姻し、在留特別許可を求めていた韓国人男性に対する退去強制令書発付処分について、裁量権の濫用または比例原則違反として違法である可能性が高いとされた事例（東京地決平13・12・27判時1771号76頁）、中国残留日本人中国人配偶者の連れ子家族に対する退去強制処分が法務大臣の裁量権の逸脱・濫用にあたるとして処分を取り消した事例（福岡高判平17・3・7国際人権16号116頁参照）、前掲東京地判平11・11・12とほぼ同様の判旨で、逮捕後日本人女性と婚姻し在留特別許可を求めていたナイジェリア人男性に対する退去強制令書発付処分等を取り消した事例（福岡高判平19・2・22判例集未登載）がある。

【参考文献】
・寺谷広司「『日本人の配偶者等』への在留資格変更不許可処分―最判平成14・10・17」法学教室273号（2003年）116頁以下
・入管実務研究会『入管実務マニュアル〔改訂版〕』（現代人文社、2004年）
・大倉英士「中国残留日本人中国人配偶者の連れ子家族に対する退去強制処分が法務大臣の裁量権の逸脱・濫用にあたるとして処分を取り消した判例」国際人権16号（2005年）116頁以下
・児玉晃一「退去強制からの救済と人権条約」宮川成雄ほか『外国人法とローヤリング―理論と実務の架橋をめざして』（学陽書房、2005年）
・東京弁護士会外国人の権利に関する委員会『実務家のための入管法入門〔改訂版〕』（現代人文社、2006年）
・村上正直「家族の在留資格：ロドリゲスザシルバ対オランダ事件」国際人権17号（2006年）135頁以下

山口元一（第二東京弁護士会）

在留・入国

拷問のおそれのある国への送還

> かつて中国海軍で公安事件の仕事に従事していた中国人Ａが、日本に船で密入国し、入国後に逮捕されて入管に収容された。このままでは退去強制処分を受けることが確実な状況である。
> この場合に、Ａから相談を受けた弁護士は、どうすべきか。

1 Ａが難民に該当すると思われる場合には、入管法61条の2により難民申請をし、難民の認定を得て、難民条約33条1項によって中国への送還が許されないと主張すべきである。
2 拷問等禁止条約1条の拷問が行われるおそれがあるならば、同条約3条により中国に送還してはならないと主張すべきである。この拷問等禁止条約3条による主張は、手続が定められていないが、難民申請をしている場合にはあわせて行うべきである。また退去強制手続の違反調査（入管法第5章第1款）がなされている場合にはその手続の中でも主張すべきである。
3 不法入国（同法第9条5項、70条）などで起訴された場合には、難民であることなどを証明して刑の免除の判決をめざすべきである（同法70条の2）。起訴前であるならば、同法70条の2の刑の免除が予想される事案であるとして不起訴等を求めるべきである。

●解説

1 はじめに

日本でも発効している難民条約33条は、迫害国への追放送還を禁止し（ノン・ルフールマン原則）、これを受けて、出入国及び難民認定法（以下、「入管法」）53条3項も同様の規定を置いている。

これとは別に、日本でも発効した拷問等禁止条約3条もやはりノン・ルフール

マン原則を規定しているが、難民条約と拷問等禁止条約では、対象などについて相違がある。

　本稿では、この相違に着目して、難民条約あるいは入管法で対処しきれない場合の拷問等禁止条約3条の活用方法の検討に主眼を置く。

2　難民条約と拷問等禁止条約の対象の相違

　上記の難民条約33条1項によって迫害国に追放などしてはならない難民の範囲と、拷問等禁止条約3条によって追放などしてはならない者の範囲は明らかに異なる部分がある。したがって、難民には該当しないとしても、拷問等禁止条約3条によって強制退去が違法となるとの主張がなされうることになる。以下、難民に該当しないが同条に該当するのはどのような場合か、検討してみる。

(1)　「迫害」と「拷問」

　難民条約における「迫害」は、生命または自由に対する脅威であり、人権の重大な侵害であるとされる。「迫害」には精神的な脅威が含まれるが、人権の重大な侵害という評価基準は具体的には明らかではない。

　一方、拷問等禁止条約における「拷問」は、身体的なものであるか精神的なものであるかを問わず人に重い苦痛を与える行為である（北村泰三「拷問等禁止条約の批准の意義について」季刊刑事弁護20号182頁、今井直「拷問等禁止条約とは何か」自由と正義52巻34頁、五十嵐二葉ほか「日本における拷問等禁止条約の実施における分野ごとの課題」自由と正義52巻74頁［大谷美紀子執筆部分の通報39事件など］を参照）。この重い苦痛の評価基準も具体的には明らかではない。

　このように「迫害」と「拷問」とは重なる部分があるが、どちらが範囲が広いのかについては明確ではない。ただ、「拷問」は、自白採取目的、脅迫強要などの積極的な違法な意図がある場合と定義されているので、その意図の違法性を重視し、行為そのものは「迫害」よりも広範に捉えうるという考え方もありえよう。通報事件などの認定事例の集積を待ちたい。

(2)　目的性など

　難民とは、「人種、宗教、国籍若しくは特定の社会集団の構成員であること又は政治的意見を理由に迫害を受けるおそれがあるという十分に理由のある恐怖を有する」者である（本書前節「難民性と難民の地位」参照）。これらの範疇に入

らないとしても、重い苦痛を故意に与え、かつ情報・自白を採取すること、行為あるいは行為があるとの疑いにより罰すること、脅迫強要あるいはこれに類する目的で、あるいは差別に基づいて迫害がなされる場合がありえよう。

　本件の場合でいえば、自己の難民性を示すため、あるいは庇護を求めるために日本あるいはその他の国の公務員・諜報担当者に対して母国での経歴やかつての担当業務内容等を説明した際、国家の秘密を渡したのではないか、という観点から、しゃべった内容についての情報・自白採取目的で拷問が加えられるおそれもありえよう。公安関係者でありながら他国の庇護を求めたことが国への裏切りと評価され、そのために罰せられるおそれがあるといえるかもしれない。処罰については、合法的な制裁ならば同条約1条の拷問にはならないが、この合法性は国際法的合法性を指すと解することは十分可能であり（村上正直「拷問等禁止条約が定める拷問の定義について」阪大法学137号〔1986年〕153頁参照）、単に出身国に刑罰規定があれば合法とされるものではない。

　また、なんらかの差別に基づく理由によって重い苦痛が与えられる場合、本件のような事例では考えにくいが、戦前の日本のように婚姻外の性交渉をもった女性のみが処罰される場合などは、拷問等禁止条約3条該当の主張ができよう。

(3) **行為の主体**

　難民条約の「迫害」の主体については、明確な文言はない。通説としては、公権力のとる措置によってもたらされるのが普通ではあるが、公権力がそれと知っていて放置する場合には民間私人の集団行為も「迫害」となることがある、とされている（山神進『難民問題の現状と課題』〔日本加除出版、1990年〕63頁参照）。しかし日本では、国家が直接に関与するような行為がなくては「迫害」と認定されないことを示唆する判決もあるという（新垣修「難民条約における『迫害』の解釈──国際社会と日本」志学館法学3号〔2002年〕193頁参照）。

　他方で「拷問」は、公務員の同意ないし黙認の下に私人によって行われるものも含まれることが拷問等禁止条約の明文によって示されている。

　そこで、仮に公務員の黙認の下に私人によって行われる行為が「迫害」にあたらないとされることがあるとすれば、これを「拷問」と捉えることによって拷問等禁止条約上のノン・ルフールマン原則を主張する意味があることになる。

　なお、無政府状態において非政府組織を拷問等禁止条約1条の「公務員またはその他の公的資格で行動するもの」とする拷問禁止委員会の解釈が個人通報

事例で示されている（川村真理「拷問等禁止条約第3条における送還禁止基準」杏林社会科学研究21巻1号〔2005年〕44頁）。

3　強制送還の例外がないこと

　難民条約33条2項の「当該締約国の安全にとって危険であると認めるに足りる相当な理由があるもの又は特に重大な犯罪について有罪の判決が確定し当該締約国の社会にとって危険な存在となったもの」、あるいは入管法53条3項の「法務大臣が日本国の利益又は公安を著しく害すると認める場合」のような強制送還禁止の例外規定は、拷問等禁止条約にはない。したがって拷問等禁止条約3条に該当する場合には、難民条約33条2項あるいは入管法53条3項による例外的な強制送還も許されないと主張することができる。これは、わが国が批准した拷問等禁止条約が国内法としての効力を持つことから直接導かれるし（憲法98条2項）、また入管法53条自体の解釈として上位法である拷問等禁止条約3条により限定解釈がなされる、とすることも可能である。

　近時テロが問題となっているが、テロリストとみなされた場合、難民であるとしても入管法53条3項により出身国などへの強制送還が例外的に許される可能性があるが、拷問等禁止条約3条が適用される場合には、その強制送還は許されないことになる。

4　拷問等禁止条約3条の意義と主張の方法

　難民条約33条1項と拷問等禁止条約3条の対象者とでは、その範囲が異なる。したがって、本国などへの送還を避けたい場合には、難民には該当しない場合であっても、拷問等禁止条約3条の対象者に該当するかどうかを検討すべきことになる。

　また、拷問等禁止条約3条の場合には、難民条約33条2項におけるような強制送還禁止の例外がない。したがって、難民であるとしても例外的に強制送還がなされる危険性がある場合は、あわせて拷問等禁止条約3条の主張をする意味がある。

　しかし、難民申請手続と異なり、拷問等禁止条約3条の主張は、手続を定めた規定がない。難民申請をする場合には、難民の主張とあわせて拷問等禁止条約3条の主張を行うべきであろう。入管法の退去強制手続として違反調査が開

始されている場合には、難民申請手続をする場合にはこれについての判断がなされるまで、違反調査の手続の停止を求めるべきである。違反調査手続が進行する場合には、その手続の中で拷問等禁止条約3条の主張をすべきである。違反調査のうち入国審査官の審査および特別審理官の口頭審理では、もっぱら同法24条各号の該当性のみが問題にされる。しかし、法務大臣への異議がなされた段階では、同法50条1項1号ないし4号の「特別に在留を許可すべき事情」があれば、在留が特別に許可され、退去強制令書の発付はなされない。拷問等禁止条約3条の主張は、この「特別に在留を許可すべき事情」のひとつとして主張することも可能であろう。

この違反調査手続は、特異な構造をとっている。すなわち第1段階（入国審査官の審査）、第2段階（特別審査官の口頭審理）と第3段階（法務大臣の裁決）とでは、審理の対象が異なってくる。第1段階および第2段階で入管担当者は、外国人に向かって「退去強制事由は明らかだからあきらめて国に帰れ」と説得して、異議の申出をしないとする文書の署名をさせようとする。その説得はその段階かぎりでは正しいかもしれないが、手続全体をみれば、退去強制事由があっても「特別に在留を許可すべき事情」があれば退去強制されないのであるから「嘘」ということになる。おそらくほとんどの外国人は、「特別に在留すべき事情」があれば在留特別許可が受けられるということを知らされないまま、入国審査官の認定あるいは特別審理官の判定を受け入れているのだろう。第1段階でも第2段階でも拷問等禁止条約3条の主張を行い、入国審査官の認定に際しては3日以内の特別審理官への口頭審理の請求、特別審理間の判定に際して3日以内の法務大臣への異議の申出をしていく必要がある。

5 刑の免除

入管法70条の2は、有効な旅券を所持しない入国（同法3条）、上陸許可の証印を受けない上陸（同法9条5項）、その他上陸許可を受けない上陸（同法70条3号）、超過残留（同法70条5号、7号）については、①難民であること、②その者の生命、身体または身体の自由が難民条約1条A(2)に規定する理由によって害されるおそれのあった領域から、直接本邦に入った者であること、③前号のおそれがあることにより当該罪にかかる行為をした者であること、の3点を証明し、かつ④当該罪にかかる行為をした後遅滞なく入国審査官の面前におい

て、上記3点に該当することの申出をした場合、その刑の免除をするとしている。②については航空機の乗り換えで第三国を経由した場合、あるいは第三国で短期間滞在した場合も含めると解されるべきであろう。④の「遅滞なく」についても、外国人は難民申請や刑の免除の規定があること自体知らない者もいること、日本に入国しても出身国の政治状況などを慎重に観察する必要があることが少なくないこと、あるいは難民であることの資料を入手するために一定期間がかかることも考慮されるべきであろう。

　本件では、密入国の件が起訴されているのであれば、入管法70条の2による刑の免除の判決をめざすことになろう。広島地判平14・6・20（判時1814号167頁）は、難民該当性を認め、刑の免除の判決をした。なお、同じ事件の控訴審である広島高判平14・9・20（判時1814号161頁）は、「遅滞なく」申出をしなかったとして、刑の免除はしなかったが難民該当性を認め、罰金とした。起訴前であるならば、入管法70条の2の刑の免除に該当する事案であるとして、難民認定申請の結果が判明するまで捜査を進めるな、あるいは起訴をするなという交渉を捜査当局とすべきであろう。

6　終わりに

　以上、難民条約33条と拷問等禁止条約3条のノン・ルフールマン原則の異同により、入管法の退去強制の阻止に役立ちうる場合について検討した。拷問等禁止条約についての文献は多くない。一般的意見は1997年の一般的意見1があるのみであるが、これを参照されたい（<http://www.unhchr.ch/tbs/doc.nsf/(Symbol)/13719f169a8a4ff78025672b0050eba1?Opendocument> なお、和訳は、財団法人アジア・太平洋人権情報センター編『アジア・太平洋人権レビュー1999——アジアの文化的価値と人権』〔現代人文社、1999年〕269頁以下に掲載されている）。拷問等禁止条約3条の適用に関しては、通報者に立証責任があるとされるが、一般的意見では、一定の場合いわゆる灰色の利益の適用があることが示されている。

【国際人権法の条文】
（拷問等禁止条約）
　1条1項　この条約の適用上、「拷問」とは、身体的なものであるか精神的なものであるか

を問わず人に重い苦痛を故意に与える行為であって、本人若しくは第三者から情報若しくは自白を得ること、本人若しくは第三者が行ったか若しくはその疑いがある行為について本人を罰すること、本人若しくは第三者を脅迫し若しくは強要することその他これらに類することを目的として又は何らかの差別に基づく理由によって、かつ、公務員その他の公的資格で行動する者により又はその扇動により若しくはその同意若しくは黙認の下に行われるものをいう。「拷問」には、合法的な制裁の限りで苦痛が生ずること又は合法的な制裁に固有の若しくは付随する苦痛を与えることを含まない。
3条1項　締約国は、いずれの者をも、その者に対する拷問が行われるおそれがあると信ずるに足りる実質的な根拠がある他の国へ追放し、送還し又は引き渡してはならない。
2項　権限のある当局は、1の根拠の有無を決定するに当たり、すべての関連する事情(該当する場合には、関係する国における一貫した形態の重大な、明らかな又は大規模な人権侵害の存在を含む。)を考慮する。

【参考文献】

本文中に掲げた文献のほか、以下を参照。
・アムネスティ・インターナショナル日本支部編『拷問等禁止条約—NGOが創った国際基準』(現代人文社、2000年)
・自由と正義52巻9号の拷問等禁止条約特集の諸論文

武村二三夫(大阪弁護士会)

在留・入国

永住者の再入国

> 日韓地位協定により永住資格を得ている在日韓国人Ａが、アメリカ合衆国に留学を希望して再入国許可申請したが、外国人登録法上の指紋押捺を拒否していることを理由に再入国を不許可とされた。しかし、留学の機会を優先してアメリカ合衆国に向けて日本を出国したいと考えている。
> Ａから相談を受けた弁護士は、どのような対応をすべきか。

再入国不許可処分に対する取消訴訟、永住資格の存在確認訴訟を提起する。そして、永住者の再入国に関し、自由権規約12条4項の「自国に戻る権利」を主張する。

※なお、外国人登録法が改正されて永住者・特別永住者に対する指紋押捺は廃止されたため、本件と同様の事案は現在は生じないが、「自国に戻る権利」の解釈や国際人権条約上の権利を比例原則の枠組みの中で主張するという手法は、他の事案においても応用の可能性がある。

●解説

1 外国人の出入国制度と設問の問題点について

外国人の入国・出国については、入国の許否は日本政府の自由裁量、出国は外国人の自由というのが原則である。また、日本政府が入国を認める場合、日本における滞在期間（在留期間）と活動内容（在留資格）を限定することになっている。

永住資格の場合は、在留期間に制限はなく活動内容についても国籍条項がある一部の資格等を除いて制限はない。当然のことながら取得は容易ではない。

なお、再入国許可制度（出入国管理及び難民認定法26条）の制度趣旨についての日本政府の説明は、日本国内にいる外国人も出国によって在留資格を喪失し、再度来日したければもう一度新規入国手続をすべきところ、許可されていた在留期間内に出入国をする場合は、出国前に再入国許可を得ておくことによっ

て上記期間内における従前の在留資格を保全でき、それによって煩瑣な手続を回避できる便宜を外国人に与えるものであるとするのである。

以上のような前提によると、設問の場合、出国自体は特段の事由がなければ可能であるが、再入国許可を得ていないため永住資格は喪失したものとされ、再び日本に入国申請をしてもこれが認められるか否かについては何の保障もないということとなる。

再入国を不許可とした日本政府の判断が誤っていると考える場合、永住資格のままで再び日本に留学から戻れるようにするには、どのような法的手段・主張が考えられるだろうか。

2　前提としての争訟の場と法的主張について

基本的な枠組みに関する事項については以下のとおりである。

第1に、外国人の出入国に関する処分は行政不服審査法の適用除外事由であるから（同法4条1項10号）、法的手段としては行政訴訟を提起するほかない。

第2に、確保すべき法的利益は、前述したように永住資格を保持したまま日本に再び入国できることである。したがって、再入国不許可処分の取消しとともに永住資格の確認も求めるべきであろう。なお、再入国許可制度は従前の在留資格の保全を認めるか否かというものであるから、出国によって永住資格を喪失したため従前の在留資格はもはや存在せず、いわゆる訴えの利益を喪失しているとの反論が予想される。そこで、実質的な審理に踏み込むためには国家賠償法に基づく損害賠償請求も必要だと思われる。本件のような争訟には、形式的な理由による「門前払い」という第1の関門が待ち構えているのが常である。

第3に、再入国許可制度については、「法務大臣は、……再入国の許可を与えることができる」（出入国管理及び難民認定法26条1項）と規定されている。つまり、「行政裁量論」を突破する必要がある。そのためには、行政裁量論の枠内での「裁量権の著しい逸脱」という立論も可能ではあるが、ストレートに利益衡量に持ち込める法的判断の枠組みがあればなおよい。このような枠組みを提供してくれるのが自由権規約12条4項「自国に戻る権利」である。この条項は、「永住者が定住国に戻る権利」を保障しているとされているからである。「権利」の保障であれば、その制約には合理的な根拠が必要となり（条文上の文言でいえば「恣意的」でないこと）、実質上、日本国政府の利益と永住者の利益とを比較衡量す

るという判断の枠組みへと持ち込めることになる。そして、さらに、永住者が「永住者として」定住国に戻る権利を保障するものであるから、再入国不許可処分が違法であれば永住資格の喪失という取扱いも違法視できる法的根拠を提供してくれるのである。

なお、日本国政府と永住者の利益との比較衡量を行政訴訟において主張する際には、比例原則として主張することが考えられる（近藤敦「比例原則に反し恣意的に退去強制されない権利と立憲性質説」国際人権15号〔2004年〕17頁以下、村田斉志「行政法における比例原則」藤山雅行編『行政争訟（新・裁判実務体系25巻）』〔青林書院、2004年〕65頁以下参照）。

3 主要な武器である自国に戻る権利について

自由権規約12条4項の日本語定訳は、「何人も、自国に戻る権利を恣意的に奪われない」である。しかし、国際的な条約に関しては条約正文となっている言語でその意味内容を把握する必要がある。そのひとつである英語では、12条4項は、"No one shall be arbitrarily deprived of the right to enter his own country"という表現である。

この条項が「永住者」の権利を保障しているか否かには争いがある。その論争の焦点は、"his own country"（自国）という言葉がいかなる意味かという問題である。仮に、この言葉の「通常の意味」（条約法条約31条）が「国籍国」であるとするならば、日本人が日本国にというように、ある人の国籍のある国への入国に関する条項であって、永住者は対象にされていないということになるからである。

ところで、「国籍国」という言葉を直截に英語で表現すれば、"country of which he is a national"とか"counrty of his nationality"であり、このように国籍（nationalとかnationality）という文言を付加すれば言葉の意味は明確である。そして、実際に、米州人権条約（3条2項）、ヨーロッパ人権条約（第4議定書22条5項）、難民条約（1条A(2)）などの基本的人権に関する著名な国際条約では、まさに上記のような「国籍」という文言を付加した限定的な用語による表現が用いられている。

したがって、「国籍」という意味を持たせたければ明確な修飾の言葉があるのに、そのかわりとして「自分の」という言葉を冠した"his own country"（自国）という用語は、法律用語として一義的に「国籍国」であるとはいえないのである。そ

こで、用語の「通常の意味」に従った解釈によっては意味が曖昧または不明確である場合に解釈の補足的な手段に依拠することができると規定する条約法条約32条により「条約の準備作業及び条約の締結の際の事情」を考慮して"his own country"（自国）の意味を検討することになる。

　具体的な「条約の準備作業及び条約の締結の際の事情」については割愛するが（詳細は、芹田健太郎編訳『国際人権規約草案註解』〔有信堂高文社、1981年〕を参照されたい）、要約すれば、本条項を「国民が国籍国に戻る権利に限定しようとする国」とそれに加えて「永住者が定住国に戻る権利も含ませようとする国」との意見の対立があり、その議論の中で、初期の段階の"country of which he is a national"から"his own country"へと用語が変遷し確定したという経緯があった。すなわち、「国籍国」であることが明確な用語の使用があえて避けられて"his own country"という用語が採用されており、そこで議論されていたものは「永住者が定住国に戻る権利」を含ませるかどうかであったのであるから、本条項はこのような「永住者が定住国に戻る権利」を含んだものとして確定したというべきである（芹田健太郎『永住者の権利』〔信山社、1991年〕）。

　なお、日本は自由権規約12条4項について「留保」も「解釈宣言」もしていないのであるから、日本の国内法としての同条項について日本国政府は日本独自の解釈を持ち出すことはできない。また、自由権規約委員会の条文解釈の推移にも着目する必要がある（国際人権規約翻訳編集委員会編『国際人権規約先例集：規約人権委員会精選決定集第1集』〔東信堂、1989年〕、宮崎繁樹ほか編訳『同第2集』〔東信堂、1995年〕など）。

4　日本政府側の処分理由（外国人登録法の指紋押捺制度）

　利益衡量的な考察に持ち込めたとして、まず問題にすべきは日本政府側の処分理由である。

　本件の再入国不許可の理由は、指紋押捺の拒否である。この外国人登録法上の指紋押捺の拒否という事態は、一時期、在日韓国・朝鮮人を中心とした人々の社会運動となったが、永住者については立法的な解決が図られた（法務省担当者の立場からの解説ではあるが、法改正の内容について、黒木忠正「外国人登録法改正」ジュリスト896号〔1987年〕65頁以下を参照）。

　本件のモデルとなったケースについて若干コメントすると、指紋押捺拒否の

運動は、在日韓国・朝鮮人形成の歴史的経緯を背景にした社会的な差別のなかで（たとえば金原左門ほか『日本のなかの韓国・朝鮮人、中国人』〔明石書店、1986年〕）、繰り返し繰り返し指紋押捺を強要される苦痛に耐えかねた在日韓国・朝鮮人の若者たちの日本の社会全体に対する異議申立てに端を発した運動であり、それを守ろうとする親の世代や共感する日本人その他の外国国籍者などが加わったものであった。

　他方、指紋押捺制度は、アメリカ合衆国の制度を母法とするもので、GHQの示唆によって外国人登録法に導入された制度である。基本的には、朝鮮戦争時におけるスパイや破壊活動などの後方攪乱に対処するための制度であり（「密輸及び密入出国問題を中心とした治安行政機関の組織、協同並びに運営の総合的監察報告書」昭和26年8月15日付衆議院行政監察特別委員会会議録15号）、少なくとも導入当初のシステムとしてはその社会的使命を終えようとしていた。このようななかで、指紋押捺拒否に対する「制裁」もしくは「封じ込め」として再入国の許否権限が利用されたと判断せざるをえないのは、誠に残念なことである。

　少し一般化していえば、日本政府側の処分理由についても、その社会的背景の客観的資料を集めるため、研究者との接触や国会図書館等での文献渉猟などが必要であると考える。本件のような「外国人の出入国」という論点では、テーマそのものだけで裁判官の思考回路の中に「行政権の判断の尊重」という枠組みが作られかねない。このような状況を打破するためには、日本政府側の公式見解を鵜呑みにして立論の前提とすることが不当なことと同程度に、このような公式見解が一片の正当性も持たないという前提での立論もまた説得力を持たないのである。日本政府の処分理由を的確に描き出せることで、最終課題である守られるべき保護法益の重大性を際立たせることができる。

5　処分を受けた個人の保護法益

　本件の出国目的は留学である。本件のモデルとなった事件での、この「留学」の持つ意味や再入国の許可が得られないまま出国した不安などは、当事者本人の言葉に耳を傾けてほしい（崔善愛『「自分の国」を問いつづけて』〔岩波ブックレット525、2000年〕）。

　国境を越えた人々の往来が活発になっている現在、外国に永住するということも奇異なことではなくなってきた。現状の日本での再入国のシステムでは、数十

年も日本に住んでいて日本に骨を埋めるという永住者でも、突然の国際電話で親の危篤を知らされた際、日本政府になんらかの事情で問題視されていて再入国が不許可となれば、「出国するのは自由であるが、再び入国することは保障できない」という事態に直面する。観光旅行に来ていたのであれば「こんな国、二度と来るか」という捨てぜりふでも残して立ち去ることができるかもしれない。しかし、永住者は、「永住資格」という資格が認定されていることから逆に明らかなように、この日本という国に密着した生活基盤を持っている。古風にいえば、「行くも地獄、残るも地獄」である。こうした事態に対する国家の非合理な干渉を排除しようとする「新たな時代の移動の自由」の宣言が、日本国憲法22条の具体化としての自由権規約12条4項なのである。

　最後に、最も問題なのは、こうした「保護法益」、すなわち、具体的に妨害されたり脅かされたりしている具体的な生活実態をどのように法律的に把握し、それをどのように整理して裁判官に伝えるかという点である。

　「把握」の問題としては、「日本政府の処分理由」よりも「個人の保護法益」が優越するというためには「個人の保護法益」といえども普遍性の契機は持っていなければならないという点の銘記が必要である。「整理」の問題としては、たとえば、本件のような日韓地位協定に基づく永住資格の場合、教育を受ける権利や生活保護に関する二国間条約上の保障まで、ほぼ日本人と同等の国家に対する権利が認められている。すなわち、保護法益の主体を「外国人」とひとくくりにして論ずることは、自ら立論の土台を歪めているのである。

　幾多の人権問題における法的紛争において先達が残した「被害に始まり被害に終わる」という言葉に示されているように、生活の場における被害の「共感」に始まり、法廷の場におけるその「立証」が最後の課題となる。

【国際人権法の条文】
（自由権規約）
12条4項　何人も、自国に戻る権利を恣意的に奪われない。

【参考文献】
　本文中に掲げた文献を参照。

橋本千尋（福岡県弁護士会）

アイヌ民族の文化享有権

> アイヌ民族には、精神的拠り所としている場所がいくつかあるが、そのひとつに「チノミシリ（私・祈る・場所）」という民族の精神文化の支えとなる場所がある。また、民族の伝統行事であるチプサンケ（舟祭り）の会場として、永年使用されてきた川辺がある。これらの場所を水没させるダムを建設する計画が持ち上がった。
> これらの地点を水没させるためには、地権者であるアイヌ民族に属する人々から、土地収用法に基づき収用の手続を行わなければならないが、アイヌの人々は、民族の文化を享有する権利を訴えて、ダム建設を阻止したいと考えている。
> この場合、地権者であるアイヌの人から相談を受けた弁護士は、どのような対応をとるべきか。

1 土地収用の計画が未だ法的手続開始前であるならば、民族文化の維持を訴える市民運動を組織し、広汎な人々と共に、民族文化の重要性と文化享有権を訴えることができる。とくに、ダム建設のアイヌ民族に対する影響についてのアセスメントの実施を求めるなど、さまざまな手段が考えられる。
2 土地収用の手続が開始したならば、その手続進行状況に応じて法的手続が可能と考えられる。①土地収用法の「事前準備（同法11条）」時、②事業認定の手続時、とりわけ公聴会（同法23条）、意見書提出（同法25条）時、③収用明渡裁決手続時、④収用明渡裁決後の行政不服審査法に基づく審査請求または取消訴訟時、⑤国家賠償請求時と手続の進行が考えられるが、これらの手続の際に、自由権規約27条に規定される「民族の文化享有権」を有力な武器・手段として使用することが可能である。

●解説

1 アイヌ民族の「先住民族性」

　少数民族の文化享有権は新しい概念であり、二風谷ダム裁判（札幌地判平9・3・27判時1598号33頁）において初めて宣明された権利である。そのため、某著名憲法学者（故人）は、本判決時に、新聞社のインタビューに応えて「聞いたことがない」とコメントをしたほどであった。

　この判決は、アイヌ民族のみならず、わが国に居住する外国人にとっても、民族の文化を享有する権利を保障する重要な意義を有するものであることから、実践的な価値もあり、紹介するものである。事件の概要そのものは、本件と同旨であり、末尾の参考文献を参考にされたい。

　二風谷ダム裁判において、アイヌ民族の「先住民族性」も重要な争点のひとつであった。国は、アイヌ民族を先住民族と認めたことは一度もなく、二風谷ダム裁判においても、アイヌ民族が「先住民族」かどうかは諾否の必要がないとして認否を拒んできた。今なお、アイヌ民族を公式に先住民族と認めてはいない。先住民族という言葉は、集団の権利概念を含むものであることから、国は、他の先住民族を抱える諸外国と同様、莫大な国家賠償や分離独立の主張を恐れ、意図的に使用を回避している。二風谷ダム判決直後の1997年5月に、「北海道旧土人保護法」を廃止し、「アイヌ文化の振興並びに伝統等に関する知識の普及及び啓発に関する法」を制定したが、この法律においてもアイヌ民族の「先住民族性」には触れていない。

　本判決は、「先住民族とは、歴史的に国家の統治が及ぶ前に、その統治に取り込まれた地域に、国家の支持母体である多数民族と異なる文化とアイデンティティを持つ少数民族が居住していて、その後上記の多数民族の支配を受けながらも、なお従前と連続性のある独自の文化及びアイデンティティを喪失していない社会集団である」と述べ、差別防止・少数者保護小委員会（1999年に「人権保護促進小委員会（人権小委員会）」に改称）のコーボォ報告書（Cobo report E/CN.4/Sub.2/1986-7）やILO169号条約の定義と同様の見解を示している。とりわけ、明治政府以降のアイヌ民族政策について詳細に検討し、先住民族と認定したことは説得的である。

　本判決が、アイヌ民族について、後に述べる国際人権法上の少数民族である

と同時に先住民族であると認めた効果は大きい。なぜなら、この判決は、アイヌ民族の文化伝承、文化享有について、「少数民族の場合以上に配慮を要することは当然である」としたからである。そのうえ、本判決は、日本政府のアイヌ政策が、「アイヌ文化を衰退させてきたという歴史的経緯に対する反省の意を込めて最大限の配慮がなされなければならない」と述べ、土地収用法の要件吟味にあたっての比較考量の要素として、少数民族性、先住民族性、そして歴史的経緯を指摘しているのである。先住民族の歴史は、後発の多数民族による抑圧と文化衰退の歴史であったといっても過言ではないし、国際人権法の出発点が人権差別、とりわけ民族による差別の歴史を見据えたものであったことに照らしても、まったく相当な手法である。

2 アイヌ民族は少数民族か

今ではアイヌ民族を少数民族と認めるのに、誰も異議はない。しかし、日本政府は、自由権規約40条に基づく第1回政府報告書(1980年)では、「少数民族は、我国に存在しない」と報告していた。第2回政府報告書(1985年)では、アイヌ民族が少数民族かどうかに言及することなく、アイヌ民族は、独自の文化の享有を否定されないと報告した。間接的に、アイヌ民族が少数民族であることを認めた結果となっている。第3回(1991年)、第4回政府報告書(1998年)では、第2回と同様、少数民族についての言及はなく、アイヌの人たちの生活水準向上のための施策の報告にとどまっている(自由権規約委員会は、日本政府に2002年10月までに第5回報告書を提出するよう指定したが、2006年12月にようやく日本政府から報告書が提出された)。二風谷ダム裁判において、国は、アイヌ民族が少数民族であると認めている。

アイヌ民族が少数民族であるかどうかは、政府が少数民族と認めるかどうかによって決まるものではない。自由権規約委員会の少数民族の権利に関する一般的意見23(1994年4月6日採択)は、少数民族の存在は、「締約国による判断によってではなく、客観的基準によって定められることが必要」(5.2項)としている。では、この客観的基準とは何か。先住民族に関するコーボォ報告書のような明確な定義はないが、少数者であること、非支配的地位にあること、他の集団と異なる種族的・宗教的・言語的特徴、当該集団の文化・伝統などを保持する連帯感情の存在、という基準が考えられよう(差別防止、少数者保護小委員会での

カポートーティ報告〔Capotorti report E/CN.4/Sub.2/384/Rev.1〕。カポートーティは、少数者とは、「ある国において他の住民よりも人口において少数であり、非支配的地位にあり、その構成員は当該国の国民であるが、ほかの国民とは異なる種族的、宗教的または言語的特性を持ち、かつ、明示・黙示を問わず連帯感を有し、彼らの文化、伝統、宗教あるいは言語の保存を志向している集団」であると定義している)。この基準に照らすとき、アイヌ民族は少数民族であると十分に認められるし、本判決も、「他民族と異なる文化とアイデンティティーを持つ少数民族」と認めている。誰も異論がないところである。

　なお、政府報告書において、自由権規約27条の少数民族の権利に関連して言及しているのはアイヌ民族のみであり、在日韓国・朝鮮人を含む在日外国人についてはなんら報告を行っていない。上記の一般的意見23は、少数民族は、「国民又は市民である必要がないばかりではなく、永住者である必要もない」（5項2号）と述べ、そのうえ「自己の文化及び言語を享有し発展させ、また自己の宗教を実践する権利を保護するための締約国による積極的措置もまた必要である」としている（6項2号）。この一般的意見の積極的措置義務も日本政府に無視されている（日弁連編『日本の人権 21世紀への課題』〔現代人文社、1999年〕57頁以下参照）。

3　二風谷ダム判決における少数民族の文化享有権の根拠

　自由権規約27条は「種族的、宗教的又は言語的少数民族が存在する国において、当該少数民族に属する者は、その集団の他の構成員とともに自己の文化を享有し、自己の宗教を信仰しかつ実践し又は自己の言語を使用する権利を否定されない」と定めており、本判決は、この規約27条の文化享有権が憲法13条の自己の人格的生存権に必要な権利となっているという、いわゆる「憲法規定への包摂」を行っている。憲法13条の内容を自由権規約27条が豊かにしているのである。

　本判決は、まず、「アイヌ民族は文化の独自性を保持した少数民族として、その文化を享有する権利をB規約27条で保障されているのであって、我国は憲法98条2項の規定に照らして、これを誠実に遵守する義務がある」とし、次いで憲法13条の規定から「少数民族にとって民族固有の文化は、多数民族に同化せず、その民族性を継続する本質的なものであるから、その民族に属する個人にとっ

て民族固有の文化を享有する権利は、自己の人格的生存権に必要な権利ともいいうるもの」であるとした。そして、「このような解釈は、……国際社会の潮流に合致」し、「原告らは、憲法13条により、その属する少数民族たるアイヌ民族固有の文化を享有する権利を保障されていると解することが出来る」と結論づけたのである。そして、詳細な事実認定ののち、（ダム建設によって失われる文化的）利益が「B規約27条及び憲法13条で保障される人権であることに鑑み、その制限は必要最小限度においてのみ認められるべきであって、……国としては先住民族の文化等に対し特に十分な配慮をすべき責任を負っている」と結んでいる。

このように規約の直接適用でないにせよ、実質的に規約上定める権利が憲法上の権利として肉づけされていると評価することができるのである（なお、二風谷ダム裁判では、判決時にはすでにダムが完成し、湛水していたことから、行政事件訴訟法31条による事情判決により、請求を棄却している）。

4 実践的課題

国際人権規約の国内適用にあたっては、条約機関の「見解」「一般意見」「最終所見」が適切な解釈を蓄積してきたが、日本の裁判所は、条約機関の判断を具体的裁判の場において援用することに消極的である。しかし、条約機関の解釈基準は、遠慮なく裁判所に提示すべきであろう（なお、ウィーン条約法条約については、別稿に譲る）。

民族の文化享有権の内包・外延はどこまでか。新しい観念であることから、何が文化で、誰が訴えることができ、どんな場合が文化享有権の侵害となり、侵害の効果は何かなど、今後の裁判例の蓄積を待たねばならない事項も多い。自由権規約委員会の一般的意見23では、文化は、先住民の場合、資源利用に結びついた独特の生活様式といったかたちで表れると述べており、「漁業又は狩猟などの伝統的な活動を行う権利」（6.7項）が含まれると述べている。自由権規約27条および一般的意見を梃子に大幅な権利伸長もありえよう。そのためには、この権利を活用する裁判が順次提起され、裁判例の蓄積が必要であろう。

【国際人権法の条文および一般的意見】
（自由権規約）
27条　種族的、宗教的又は言語的少数民族が存在する国において、当該少数民族に属す

る者は、その集団の他の構成員とともに自己の文化を享有し、自己の宗教を信仰しかつ実践し又は自己の言語を使用する権利を否定されない。

(自由権規約委員会による一般的意見23)

5　1.　第27条で用いられている語句は、保護されるべく意図された人々はある集団に属し、ある文化、宗教又は言語を共有する者であることを示している。かかる語句はまた、保護されるべく意図された個人が締約国の市民である必要がないことを示している。これに関しては、第2条第1項により生ずる義務にも関連する。すなわち締約国は同条項に基づき、規約上保護される権利（市民に適用されることが明示的に規定されている第25条に定める政治的権利等を除く）をその領域内にありかつその管轄の下にある全ての個人に対して確保することを要求されているからである。従って締約国は、第27条に基づく権利を享受する者をその市民に制限してはならない。

2.　第27条は、締約国内に「存在する」少数民族に属する者に権利を付与している。同条の想定する性格及び範囲からすれば、「存在する」という用語が内包する永続性の程度を画定することは適切ではない。これらの権利は単に、かかる少数民族に属する個人が、その集団の他の構成員とともに自己の文化を享有する権利、自己の宗教を実践しかつ自己の言語を使用する権利を否定されるべきではないというものである。かかる個人は国民又は市民である必要がないばかりではなく、永住者である必要もない。従って、締約国内においてかかる少数民族を構成する移住労働者又は短期滞在者であっても、かかる権利の行使を否定されない権利を有する。またその目的のためにも、これらの個人は、締約国の管轄の下にある他の全ての個人と同様、結社の自由、集会の自由、表現の自由などの一般的な権利を享有する。ある締約国内における種族的、宗教的又は言語的少数民族の存在は、かかる締約国による判断によってではなく、客観的基準によって定められることが必要である。

6　1.　第27条には否定表現が用いられているが、同条項はそれにも拘らず「権利」の存在を認め、かかる権利が否定されないことを要求している。従って、締約国はかかる権利の存在及び行使が否定され又は侵害されることのないよう保護されることを確保する義務を負う。このため、締約国自身の行為（立法当局によると、司法当局によると又は行政当局によるとを問わず）に対してだけではなく、締約国内の他の者の行為に対しても、積極的な保護措置が必要とされる。

2.　第27条によって保護される権利は個人の権利であるが、かかる権利は少数民族の集団が自己の文化、言語又は宗教を維持する能力にも依存している。従って、少数民族の同一性及びかかる少数民族の構成員が他の構成員とともに自己の文化及び言語を享有し発展させ、また自己の宗教を実践する権利を保護するための締約国による積極的措置もまた必要である。これに関し、かかる積極的措置は、異なる少数民族間の取扱い及び少数民族に属している者と属していない者との間の取扱いの両方について、規約第

２条第１項及び第26条の規定を尊重したものでなければならない。しかしながら、かかる措置は第27条により保障される権利の享有を妨げ又は侵害する状況を修正することを目的としている限り、合理的かつ正当な基準に基づくことを条件として、規約上、正当と認められる区別を設け得る。
7　第27条において保護される文化的権利の行使に関して、委員会は、文化というものは様々な形、特に資源使用に結び付いた独特の生活様式といった形で、それ自身を表現すると考える。この権利には、漁業又は狩猟などの伝統的な活動を行う権利及び法律によって保護された居留地で生活する権利も含まれる。かかる権利の享有は積極的な法的保護措置及び少数民族の集団に属する構成員が自己に影響を与える決定に実効的に参加することを確保する措置を必要とする。

【参考文献】

・上村英明「二風谷ダム判決とアイヌ文化振興法」世界1997年６月号27～30頁
・苑原俊明「マイノリティである先住民族の権利」ジュリスト重要判例解説平成９年273頁
・田中宏「アイヌ民族と憲法－二風谷ダム訴訟判決によせて」法と民主主義318号（1997年）54～58頁
・田中宏「二風谷ダム訴訟判決」国際人権８号（1997年）65～69頁
・常本照樹「アイヌ新法の意義と先住民族の権利」法律時報69巻９号（1997年）２～５頁
・岩沢雄司「二風谷ダム判決の国際法上の意義」国際人権９号（1998年）56頁
・常本照樹「先住民族と裁判－二風谷ダム判決の一考察」国際人権９号（1998年）51頁

田中 宏（札幌弁護士会）

少数民族

アイヌ民族に対する名誉毀損

> アイヌ民族であるAは、B出版社が発行した書籍にアイヌ民族に対する差別的な表現が含まれていることを知り、その差別的な表現行為に対する差止めや損害賠償請求を行いたいと考え、弁護士に相談した。
> この場合、弁護士としては、どのような対応をすべきか。

1　アイヌ民族に対する名誉毀損について法的手続を考えるためには、なによりもアイヌ民族に対して日本がとってきた政策がどのようなものであったかという近代以後の歴史を踏まえ、アイヌ民族に対する差別的な表現が民族に属する個人に対する人権侵害となりうることを裁判所に十分理解させる必要がある。
2　そのうえで、人格権侵害に基づく差止請求や損害賠償請求（民法709条）の解釈法理の中に、人種差別撤廃条約や自由権規約の内容を取り込み、条約等の内容を間接適用の基準として具体的に提示することが重要である。

●解説

1　民法709条の解釈・運用

　事案では、アイヌ民族に対する差別的表現が出版行為で行われるということは、アイヌ民族に対する差別的な表現が不特定多数の人々に流布されるとの効果を有するため、アイヌ民族集団に属する個人に対する直接の人権侵害となりうる。
　アイヌ民族のような集団に対する差別や人権侵害を集団に属する個人に対する人権侵害と捉える法的枠組みとして、人種差別禁止法や集団に対する侮辱・名誉毀損罪などの法整備がなされている国も少なくない。しかし、日本政府は、人種差別撤廃条約2条1項の義務について新たな立法を行う必要性を認めず、現行法の運用によって条約上の義務を実施できるとの立場をとっているため、現行法の解釈・運用において、国際人権条約の趣旨や内容を具体的に取り込み、

基準を提示していく必要がある。

2　人種差別撤廃条約の内容を取り込んだ人格権の主張

　本件の場合、人格権に基づく差止請求、損害賠償請求を行うこととなるが、その際直接の法的根拠としては、民法709条ならびに憲法13条、同14条が考えられる。

　民法709条に基づく差止請求等についても、近時は景観に関する権利侵害など、個人を超えた権利侵害が存することを前提とした裁判例が出てきている（東京地判平14・12・18など）。

　しかし、現行法は、個人の権利侵害に対する救済を基本としているため、民法709条の「被侵害利益」が集団に対する権利侵害を十分包摂しきれていないこと、アイヌ民族に対する差別的表現が出版行為で行われる場合、個人の人権侵害にとどまらず、民族集団に対する権利侵害として捉える必要があるため、民法709条の解釈運用に際しては、憲法13条、14条のみならず、人種差別撤廃条約の趣旨・内容を取り込み、個人の権利侵害を超えた民族集団の権利侵害を重層的に捉え、主張する必要がある。

3　人種差別撤廃条約で禁止される差別と本件への当てはめ

　同条約にいう人種差別は、「人種、皮膚の色、世系又は民族的若しくは種族的出身に基づくあらゆる区別、排除、制限又は優先であって、政治的、経済的、社会的、文化的その他のあらゆる公的生活の分野における平等の立場での人権及び基本的自由を認識し、享有し又は行使することを妨げ又は害する目的又は効果を有するもの」（1条1項）であり、同項の「民族的若しくは種族的出身」にはアイヌ民族が含まれる（外務省『人種差別撤廃条約Ｑ＆Ａ』Ａ２<http://www.mofa.go.jp/mofaj/gaiko/jinshu/>）。

　そして、同条約は、私人間の人種差別の事後的救済ばかりでなく、人種差別を禁止し防止すべき措置を「すべての適当な方法」によって行うことを、締約国に義務づけている。すなわち、同条約2条1項は、「締約国は、人種差別を非難し、また、あらゆる形態の人種差別を撤廃する政策及びあらゆる人種間の理解を促進する政策をすべての適当な方法により遅滞なくとることを約束する」と定め、そのために、「各締約国は、すべての適当な方法（状況により必要とされるとき

は、立法を含む。)により、いかなる個人、集団又は団体による人種差別も禁止し、終了させる」と規定する。

　日本政府は、同条約の履行状況を報告する際に、2条について以下のとおり差別撤廃義務を尽くしていると報告している(人種差別撤廃条約第1回・第2回報告)。すなわち、「私人間の私法的法律関係については、民法により、不法行為が成立する場合には、このような行為を行った者に損害賠償責任が発生するほか、差別行為が、私的自治に対する一般的制限規定である民法第90条にいう公序良俗に反する場合には、無効とされる場合がある。更に、差別行為が刑罰法令に触れる場合には、当該刑罰法令に違反した者は処罰されることとなっている」。

　このように、日本政府の報告に基づけば、本件のような私人間において発生した人種差別は、民法等の私法法規を通じて人種差別撤廃条約が間接的に適用されることにより救済されるべきであることを主張すべきである。実際に、静岡地浜松支判平11・10・12(判タ1045号216頁)は、外国人の入店を拒否した行為に対し、人種差別撤廃条約が不法行為の要件の解釈基準として作用するとしたうえ、民法709条、711条に基づき、150万円の慰謝料の損害賠償を認めている。

4　人種差別撤廃条約6条と裁判所の責務

　さらに、同条約6条は、「締約国は、自国の管轄の下にあるすべての者に対し、権限のある自国の裁判所及び他の国家機関を通じて、この条約に反して人権及び基本的自由を侵害するあらゆる人種差別の行為に対する効果的な保護及び救済措置を確保し、並びにその差別の結果として被ったあらゆる損害に対し、公正かつ適正な賠償又は救済を当該裁判所に求める権利を確保する」と定め、裁判所に対し私法的救済を義務づけている。

　日本政府はこの点についても、「憲法は、各種の自由を含む基本的人権の尊重(第11条)とともに、法の下の平等を規定し、人種等による差別を禁止しており(第14条第1項)、国又は公共団体の公権力の行使に当たる公務員が職務上人種差別行為によって損害を負わせた場合には、国家賠償法に基づき一定の要件の下に国又は地方公共団体がその損害を公正かつ適正に賠償する義務が課せられている。私法上、基本的人権を侵害する人種差別行為は、その効力が否

定される場合がある（民法第1条、第90条）ほか、人種差別行為によって他人に損害を与えた場合には、一定の要件の下にその損害を賠償する不法行為責任を負い（民法第709条）、公正かつ適正な賠償をしなければならないものとされている。また、憲法は、何人に対しても裁判を受ける権利を保障している（第32条）ので、人種差別行為によって損害を被った者は、上記の各法律に基づき、裁判所に対して救済を求めることができる」と述べ、日本国内で裁判所による救済が実現されていると説明している（人種差別撤廃条約第1回・第2回報告）。

　アイヌ民族集団に対して、その集団を区別することによって「人権及び基本的自由を認識し、享有し又は行使することを妨げ又は害する」効果を持つ行為は、たとえそれが意図されたものではなくとも、禁止される（1条）。そして、そのような差別行為が私人間で行われた場合、裁判所は、「人種差別の行為に対する効果的な保護及び救済措置を確保し」なければならず、人種差別を受けた者は、「その差別の結果として被ったあらゆる損害に対し、公正かつ適正な賠償又は救済を当該裁判所に求める権利を確保」されるのである（2条、6条）。

　もし、集団全体に向けられた人種差別行為が存在するにもかかわらず、特定の個々人に向けられたものではないとして効果的な救済や公正かつ適正な賠償を否定するなら、同条約が締約国に命ずる義務は無意味となる。同条約の下で禁止される人種差別行為が存在する以上、その差別の対象となった集団に所属する者は、同条約によって保障された救済を受ける権利を有し、裁判所は救済を与える義務を持つことを主張すべきである。

5　国連人種差別撤廃委員会の最終所見

　なお、2001年3月20日、国連人種差別の撤廃に関する委員会は、第1回・第2回日本政府報告に対する最終所見の中で、日本政府に対し次のような懸念を表明し勧告を行っている。

　「委員会は、憲法第98条が、締約国によって批准された条約が国内法の一部であると定めているにもかかわらず、あらゆる形態の人種差別の撤廃に関する国際条約の規定が、国の裁判所においてほとんど言及されていないことにつき、懸念をもって留意する」（9項）。

　「委員会は、本条約第4条に関し、『日本国憲法の下での集会、結社及び表現の自由その他の権利の保障と整合する範囲において日本はこれらの規定に基づ

く義務を履行する』旨述べて締約国が維持している留保に留意する。委員会は、かかる解釈が、本条約第 4 条に基づく締約国の義務と抵触することに懸念を表明する。委員会は、その一般的勧告 7 (第32会期) 及び15 (第42会期) に締約国の注意を喚起する。同勧告によれば、本条約のすべての規定が自動執行力のある性格のものではないことにかんがみれば、第 4 条は義務的性格を有しており、また人種的優越や憎悪に基づくあらゆる思想の流布を禁止することは、意見や表現の自由の権利と整合するものである」(11項)。

「人種差別の禁止全般について、委員会は、人種差別それのみでは刑法上明示的かつ十分に処罰されないことを更に懸念する。委員会は、締約国に対し、人種差別の処罰化と、権限のある国の裁判所及び他の国家機関による、人種差別的行為からの効果的な保護と救済へのアクセスを確保すべく、本条約の規定を国内法秩序において完全に実施することを考慮するよう勧告する」(12項)。

以上の「懸念事項および勧告」は、条約の国内法解釈の限界を指摘するものであると同時に、条約が規定する内容の完全実施のために、とりわけ裁判所が果たすべき法解釈・運用の責務についても言及しているものと解される(とりわけ12項)。

6 民法709条の解釈・適用について

以上のような人種差別撤廃条約の内容を踏まえ、本件においては、アイヌ民族を区別することによって「人権及び基本的自由を認識し、享有し又は行使することを妨げ又は害する」効果を持つ差別的表現が出版行為によって行われた場合、違法であるとして禁止の対象とすると同時に、効果的な救済や公正かつ適正な賠償の対象とされることが、民法709条の解釈・運用基準として導かれるものであり、アイヌ民族に属する個人からの差止請求や損害賠償請求が認められるべきことを強く主張すべきである。

なお、内野正幸「差別的表現と民事救済」(国際人権14号〔2003年〕25頁以下)では、人種差別撤廃条約について、日本政府が 4 条を留保していることを理由として、差別的表現行為の場合に用いることに消極意見があることが指摘されているが、この領域はまさに裁判の積み重ねによって国内法解釈・運用の実績をつくっていくことが不可欠であるため、訴訟においては、同条約の規定内容が、民法709条の解釈・運用の基準となることを具体的に示し、同条約を積極的

に活用することが重要である。

7 自由権規約の解釈・運用の具体的提示の必要性

自由権規約もまた、先住民族の諸権利の保障や人種等の差別禁止について規定しており、本件に積極的に用いることが可能である。

(1) 自由権規約20条2項の活用

まず、本件のような差別的表現の違法性を判断する解釈基準として、自由権規約20条2項を積極的に活用することが有効である。

同条約20条2項は、「差別、敵意又は暴力の扇動となる国民的（national）、人種的又は宗教的憎悪の唱道は、法律で禁止する」と規定する。人種差別撤廃条約4条との差異は、①刑罰による禁止を求めていないこと、②「身分的出身」に基づく憎悪や差別の扇動の禁止を含んでいないこと、③「宗教的憎悪」の唱道を含んでいること、の大きく3点であり、日本政府は20条2項を留保せずに批准している。

日本政府は、自由権規約に関する第2回報告（1988年）の中で、20条2項について「現行法制により規制しえない具体的な弊害が生じる場合には、公共の福祉を害しない限度において表現の自由に十分配慮しつつ、さらに立法措置を検討することとしている」と述べ、現行法制での規制を十分行うことを約束している。

20条2項の「差別の……扇動となる人種的……憎悪の唱道」とは、ナチスの苦い体験を踏まえて策定され、「差別、敵意又は暴力の扇動となる効果」を有する表現行為（「憎悪の唱道」）であり、同項にいう「憎悪」といえるかどうかは、表現者の主観に即してではなく、表現を客観的に見て判断すべきとされる。同項は、民法709条や民法上の人格権を解釈・適用する際、違法性の判断や、法的に禁止された表現行為による害を受けないことを内容とする私法上の利益の解釈基準として用いられるべきである。

本件の場合も、同項により禁止されている差別の扇動となる人種的憎悪の唱道と評価される内容であると解されるならば、自由権規約20条2項により禁止される表現であること、したがって、アイヌ民族である個人は、かかる禁止された表現行為による害を受けない利益を侵害されているため、差止めあるいは損害賠償請求が認められるべきであると主張することが可能であり、かつ有効である。

(2) 自由権規約27条の活用

　日本の裁判所においてアイヌ民族としての権利を認めた唯一の裁判例が、いわゆる二風谷ダムに関する札幌地判平9・3・27（判時1598号44頁、本書前節「アイヌ民族の文化享有権」参照）である。

　同判決は、「少数民族にとって民族固有の文化は、多数民族に同化せず、その民族を維持する本質的なものであるから、その民族に属する個人にとって、民族固有の文化を享受する権利は、自己の人格的生存に必要な権利ともいい得る重要なものであって、これを保障することは、個人を実質的に尊重することに当たるとともに、多数者が社会的弱者についてその立場を理解し尊重しようとする民主主義の理念にかなうものと考えられる。……そうとすれば、原告らは憲法13条により、その属する少数民族たるアイヌ民族固有の文化を享有する権利を保障されていると解することができる」と判断している。

　同判決は、憲法13条の解釈・運用として、自由権規約27条の内容・趣旨を、アイヌ民族の文化的享有権という表現で認定しており、「本判決のもつ革新性は、まさに、国際人権法によってもたらされた」と評価されている（阿部浩己ほか『テキストブック国際人権法〔第2版〕』〔日本評論社、2002年〕38頁）。同裁判では、歴史的経緯について同訴訟の原告であった萱野茂氏とともに国立民族学博物館の大塚和義教授が詳細な証言を行い、さらに、条約の解釈について相内俊一氏が法廷で証言し、それぞれの証言内容が判決に生かされた。

　先に引用した人種差別撤廃委員会の最終所見でも、本判決への関心が示されている。

　本件においても、同判決がアイヌ民族に対する権利保障と過去の歴史的差別の是正に関する司法の役割について先例的な意味を持つことを、主張するべきである。

　自由権規約27条は、「種族的、宗教的又は言語的少数民族（minorities：少数者—筆者注）が存在する国において、当該少数民族に属する者は、その集団の他の構成員とともに自己の文化を享有し、自己の宗教を信仰しかつ実践し又は自己の言語を使用する権利を否定されない」として、民族的少数者の権利の保障を定めている。この権利の性格について、自由権規約委員会は、その一般的意見23で「締約国はかかる権利の存在及び行使が否定され又は侵害されることのないよう保護されることを確保する義務を負う。このため、締約国自身の行為

（立法当局によると、司法当局によると又は行政当局によるとを問わず）に対してだけではなく、締約国内の他の者の行為に対しても、積極的な保護措置が必要とされる」（6.1項）と述べ、私人による侵害に対しても保障されることを明言している。

　自由権規約27条は、民族的少数者の権利として、個人が「その集団の他の構成員とともに自己の文化を享有」する権利を、人種差別を受けない権利とは別個の権利として、私人による侵害に対しても「積極的な保護措置」を受けるべきことを保障する。つまり、同条は、先住民族・少数民族のアイデンティティに関わる権利について、一種のポジティブ・アクション（政府による積極的施策）を締約国に義務づけたものと解することができる。

　したがって、本件のようにアイヌ民族に対する差別的表現が出版行為の形態で行われた場合には、27条が保障する「積極的な保護措置」の前提として、アイヌ民族に対する差別的表現が「その集団の他の構成員とともに自己の文化を享有」する権利を損なう違法な行為であること、差別の是正もまた、27条が保障する「積極的救済」のひとつと解されることを、積極的に主張することが有効である。

(3) 自由権規約26条の活用

　さらに、本件の場合には、自由権規約26条を、上記27条とともに積極的に活用することが考えられる。

　自由権規約26条は、「すべての者は、法律の前に平等であり、いかなる差別もなしに法律による平等の保護を受ける権利を有する。このため、法律は、あらゆる差別を禁止し……いかなる理由による差別に対しても平等のかつ効果的な保護をすべての者に保障する」と定めるが、「効果的な保護をすべての者に保障する」との文言からも、憲法14条をさらに具体化し、保障を強化しているものと理解される。26条については、第4回日本政府報告に対する最終所見において、「委員会は、土地への権利の不認定と同様に、言語及び高等教育に関するアイヌ先住マイノリティ（Ainu indigenous minority）の人々に対する差別について懸念を有する」と指摘しており、差別の是正が日本政府の役割として強く求められることを明示している。

　このように、26条は、27条とともに、民族的少数者の権利保障の実質化を図る規定であるため、本件においても、アイヌ民族に属する個人が、差別的表現の是正に向けて効果的な保護・救済を裁判所に求める権利を保障するものと解さ

れる。

8　アイヌ人格権訴訟について

　本件と類似の裁判例として、「アイヌ人格権訴訟」が存する。現在同事件は最高裁判所第1小法廷に係属中であるが、同裁判の概要について触れておきたい。

(1)　裁判の概要

　1998年にアイヌ研究者と出版社が、明治・大正期のアイヌ民族に関する多数の資料を『アイヌ史資料集』として復刻・出版した（全8巻）。そのうち2冊の図書には、アイヌ民族と梅毒とを結びつけ「かの野蛮なる種族」「独立の精神なく文化なき種族は滅亡するあるのみ」など「滅びゆく民族」観を全面に出した記述がなされ、500名以上にのぼる当時のアイヌ民族の氏名・出身地・職業・年齢と病名・病歴が一覧表の形で掲げられた状態で復刻・出版された。

　1998年9月24日、アイヌ民族である4人の原告は、アイヌ研究者と出版会社に対し、損害賠償（1人60万円）と上記図書の回収、謝罪広告を求めて札幌地方裁判所に提訴した。

　原告の1人は祖父母の氏名と病歴・病名が掲載された孫の立場で、他の3名は2冊の図書が「梅毒」をあたかもアイヌ民族固有の病気のように記述し、その文脈で500名以上にのぼるアイヌ民族の名前と梅毒に関連するとされる病名・病歴を掲載し、梅毒によって滅びていく民族として描いていることが、アイヌ民族全体に対する人権侵害であると同時に、現在アイヌ民族として生きている自分自身に対する人権侵害であることから、原告に加わった。

(2)　札幌地裁および札幌高裁判決の内容

　2002年6月27日札幌地方裁判所民事第3部（中西茂裁判長）は、次のように判断して、原告らの請求をいずれも棄却した。

　「原告らが主張する民族的少数者としての人格権の侵害は、アイヌ民族に属する特定の個人が権利侵害を受け、このことによって原告らの人格権が侵害され精神的苦痛を受けたというものであるから、原告らにとっては間接的な被害に過ぎない」。「本件各図書に実名を掲げられたアイヌ民族の中に原告らは含まれていないことも明らかである。本件各図書の編集、出版、発行によって、作成当時のみならず現在に至るまでのアイヌ民族全体に対する差別表現がされたとみる余地があるとしても、その対象は、原告ら個人ではなくアイヌ民族全体である」。

遺族（孫）の立場で訴訟を起こした原告に対する判断は、名誉・プライバシー侵害を否定したうえ、「原告が（祖父母）と生活を共にした経験がないことは明らかであるから、社会通念上、親子間及び夫婦間同様の密接な精神的つながりがあると認められる関係にはない……原告の（祖父母）に対する敬愛追慕の情は、上記のような密接なつながりはなく、いわば祖先への崇拝の感情とでもいうべきものであって、生活を共にした親子間あるいは夫婦間における肉親の情とは異なるもの」とした。

　さらに、国際人権法の適用については、次のように判断した。「原告らは、①憲法13条及び14条、②国際人権規約26条及び27条、③人種差別撤廃条約1条1項、2条1項(d)及び6条を根拠として、原告らにはアイヌ民族として差別されないという民族的少数者としての人格権が認められるから、アイヌ民族に対する差別表現や、アイヌ民族の実名を伴う医療情報を記載している本件各図書を編集、出版、発行し流通させた被告らの行為によって、原告ら各個人の人格権が侵害されたと主張する。……しかし、上記①ないし③の規定が人種差別の禁止をうたい、民族的少数者に民族固有の文化を共有する権利を保障し、あるいは国に人種差別行為による損害回復のための積極的な施策をとる義務を課しているからといって、これらの規定が、<u>直接に、民族的少数者である個人に損害賠償請求権や差止請求権を付与していると解することはできない</u>」（下線は筆者）。

　控訴審判決は国内法の解釈の問題と限定して、条約に対する判断自体を回避している。

(3) 人権侵害の法的構成と国際人権法の活用の必要性

　アイヌ人格権訴訟の場合、500名以上のアイヌ民族の氏名と病名・病歴が出版行為によって公にされているということ自体、アイヌ民族「集団」に対する差別的な表現である。しかし、名前や病名が公にされた方々は現在亡くなっており、自ら原告になることは不可能であるうえ、過去から現在に続く差別の実態から、氏名・病名を公にされたアイヌ民族の子孫を探し出す行為自体が「二次加害」となりかねない。

　アイヌ人格権訴訟の一審判決は、「編集、出版、発行によって、作成当時のみならず現在に至るまでのアイヌ民族全体に対する差別表現がされたとみる余地があるとしても、その対象は、原告ら個人ではなくアイヌ民族全体」と判断したが、上述した人種差別撤廃条約の内容を踏まえるなら、アイヌ民族全体と民族に属

する個々人への直接の侵害として捉えるべきである。

9　終わりに

　アイヌ民族に対する差別表現が問題となった出版物はほかにも、倉本聰『北の人名録』（新潮社。北海道ウタリ協会理事らが出版社と倉本氏に抗議し、両者が謝罪して本を回収した。1993年11月）、長見義三『アイヌの学校』（恒文社。北海道ウタリ協会札幌支部が抗議し、出版社が本を絶版にして回収した。1993年10月）などがある。しかし、先住民族たるアイヌ民族の権利を国内法上どう位置づけるかについて、残念ながら、私たちは未だ裁判所で議論した経験をほとんど持っていない。司法においてアイヌ民族や外国人に対する差別の問題に関する積極的判断がほとんどないのは、私たちの社会が多民族国家として成熟していないことを端的に示している。

　差別の実態は、アイヌ民族自身も詳しく語りづらい内容であり、とりわけ代理人や裁判所の想像力と新たな理論構築が求められる分野であるだけに、新たな法解釈や法創造に向けたチャレンジや工夫を積極的に行っていきたい。

【参考裁判例】
　本文中に掲げたものを参照。

【参考文献】
・現代企画室編集部編『アイヌ肖像権裁判・全記録』（現代企画室、1988年）
・内野正幸著『差別的表現』（有斐閣、1990年）
・小笠原信之『アイヌ差別問題読本シサムになるために』（緑風出版、1997年）
・秀嶋ゆかり「判例紹介・アイヌ史資料集事件（アイヌ人格権訴訟）」国際人権14号〔2003年〕122頁以下

　　　　　　　　　　　　　　　　　　　　　秀嶋ゆかり（札幌弁護士会）

人種・世系による差別

外国人に対する人種差別

　　A国の船舶が多く入国するB市の公衆浴場Cは、A国の船員らが浴室内で大声で騒ぐなどの迷惑行為を行い、他の利用者から苦情が寄せられたため、「外国人の方の入場をお断りします。JAPANESE ONLY」という看板を掲げて営業し、一律に外国人の利用を拒否していた。
　　A国から日本に帰化したDは、B市の公衆浴場Cを訪れて入浴しようとしたところ、同店の従業員から、外国人であるとして入浴を拒否された。そこで、Dは、自分は帰化した日本人である旨を伝えてあらためて入浴を希望したが、同店の従業員から、外見上は外国人であることに変わりないとして、やはり入浴を拒否された。
　　B市では、5年以上にわたって、いくつかの公衆浴場で外国人に対する入浴拒否が行われており、B市もその事実を認識していたが、それらの浴場に対して自主的な改善を求めたほかは、効果的な対策をとろうとはしなかった。Dは、B市に対して人種差別禁止条例の制定を求めたが、B市はこれを拒否した。
　　この場合、相談を受けた弁護士は、どのような対応をすべきか。

1　Cによる入浴拒否は、憲法14条1項、自由権規約26条および人種差別撤廃条約2条1項(d)、5条(f)に反する違法な行為であるから、同条約6条および民法709条、710条に基づき損害賠償を請求することが考えられる。また、憲法および条約が私人間の関係には直接適用されないとしても、民法709条を媒介として憲法、自由権規約および人種差別撤廃条約の内容を間接的に適用すべきであると主張して、Cに対し、入浴拒否によって受けた損害について賠償を求めることができる。
2　本件入浴拒否という人種差別が行われたのは、B市が人種差別撤廃のための実効性のある措置をとらなかったことが原因であり、このようなB市の不作為は人種差別撤廃条約に反して違法であるとして、民法709条、710条、国家賠償法1条に基づき、損害賠償を請求することができる。

●解説

1 Cに対する請求について

　本件事案において、Cの従業員は、日本国籍を取得したDに対し、「外見上、外国人に変わりない」との理由で入浴を拒否したというのであるから、Dは、Cの入浴拒否が人種差別であるとして、損害賠償を求めることが考えられる。

　人種差別については、憲法14条1項、自由権規約26条および人種差別撤廃条約1条が明示的に禁止しているところであるが、本件では、Cが民間の公衆浴場であることから、Dが、これらの規定を援用して、差別の禁止と差別からの救済を求めることができるか、すなわち、憲法および国際人権条約が私人間においていかなる効力を有するかが問題となる。

　人権規定の私人間効力については、憲法学上、間接適用説と直接適用説に分かれており、民法90条の公序良俗規定や709条の不法行為規定の違法性要件に憲法の人権保障の趣旨を取り込むことで、人権規範に反する私人の行為を無効あるいは違法と評価するという間接適用説が通説・判例の立場である。そして、国際人権条約の私人間効力についても、条約が原則的には国家に対して責務を負わせるものであることを理由として、憲法上の人権規定の私人間効力と同様に、間接適用説に立つ見解が有力である。

　本件と類似の事案である小樽温泉入浴拒否事件において、札幌地方裁判所は、「憲法14条1項は、公権力と個人との間の関係を規律するものであって、原告らと被告との間の私人相互の関係を直接規律するものではないというべきであり、実質的に考えても、同条項を私人間に直接適用すれば、私的自治の原則から本来自由な決定が許容される私的な生活領域を不当に狭めてしまう結果となる。また、国際人権B規約及び人種差別撤廃条約は、国内法としての効力を有するとしても、その規定内容からして、憲法と同様に、公権力と個人との間の関係を規律し、又は、国家の国際責任を規定するものであって、私人相互の間の関係を直接規律するものではない」と述べて直接適用説を否定したうえで、「私人相互の関係については、上記のとおり、憲法14条1項、国際人権B規約、人種差別撤廃条約等が直接適用されることはないけれども、私人の行為によって他の私人の基本的な自由や平等が具体的に侵害され又はそのおそれがあり、かつ、それが社会的に許容しうる限度を超えていると評価されるときは、私的自治に対

する一般的制限規定である民法1条、90条や不法行為に関する諸規定等により、私人による個人の基本的な自由や平等に対する侵害を無効ないし違法として私人の利益を保護すべきである。そして、憲法14条1項、国際人権B規約及び人種差別撤廃条約は、前記のような私法の諸規定の解釈にあたっての基準の一つとなりうる」と判示し、間接適用説に立つことを明らかにした（札幌地判平14・11・11判時1806号84頁）。

　そして、被告（公衆浴場）による入浴拒否については、「実質的には、日本国籍の有無という国籍の区別ではなく、外見が外国人にみえるという、人種、皮膚の色、世系又は民族的若しくは種族的出身に基づく区別、制限であると認められ、憲法14条1項、国際人権B規約26条、人種差別撤廃条約の趣旨に照らし、私人間においても撤廃されるべき人種差別にあたる」と断じ、被告にも営業の自由があることは認めつつ、公衆浴場は、公衆衛生の維持向上に資するものであって、公共性を有するものであること、それゆえ、希望する者は、国籍、人種を問わず、その利用が認められるべきであること、マナー違反者に対しては、小樽市や警察等の協力を要請するなどして可能な限りの対処をすべきであったこと、原告に他の利用者に迷惑をかけるおそれはまったく窺えなかったことなどの事情を具体的に考慮して、「外国人一律入浴拒否の方法によってなされた本件入浴拒否は、不合理な差別であって、社会的に許容しうる限度を超えているものといえるから、違法であって不法行為にあたる」と述べ、被告に損害賠償の支払いを命じた。

　かかる判決の結論は妥当なものであり、その意味で、裁判所が間接適用説を採用したことは積極的に評価することができよう。もっとも、間接適用説に立った場合、恣意的な事実認定がなされるおそれも否定できないことから、本件のような人種差別撤廃条約における差別が問題となる事案では、あえて私法の一般条項を媒介させる必要はなく、同条約の直接適用を積極的に求めていくべきという見解も主張されている。同条約については、2条1項(d)において、「各締約国は、すべての適当な方法（状況により必要とされるときは、立法を含む。）により、いかなる個人、集団又は団体による人種差別も禁止し、終了させる」と定められており、国家による人種差別だけでなく、私人間における人種差別をも対象としていること、6条において、差別を受けた被害者に裁判所に対して賠償や救済を求める権利を保障していることなどからして、解釈上、同条約については直接適用説を採用する余地も十分にあるものと思われる。

2　B市に対する請求について

　人種差別撤廃条約2条1項は、「締約国は、人種差別を非難し、また、あらゆる形態の人種差別を撤廃する政策及びあらゆる人種間の理解を促進する政策をすべての適当な方法により遅滞なくとること」を義務づけ、さらに、同条項(d)において、「すべての適当な方法（状況により必要とされるときは、立法も含む。）により、いかなる個人、集団又は団体による人種差別も禁止し、終了させ」なければならないと規定している。

　B市は、公権力の一翼を担う地方公共団体であって、独自の条例制定権、自治行政権を有しているのであるから、国と同様、人種差別を禁止・終了させる条約上の義務を負うものとして、Dは、B市に対し、その義務違反による責任を問うことが考えられる。具体的には、B市の公務員が差別解消のための措置をとらなかった不作為が違法な公権力の行使にあたるとして、国家賠償法に基づき、損害賠償を請求することになろう。

　問題は、人種差別撤廃条約のもとにおいて、B市は、いかなる性質の義務を負っており、その内容はいかなるものであったか、そして、その義務を履行するにあたって、B市はいかなる方法をとるべきであったかということである。

　前掲の札幌地方裁判所は、「人種差別撤廃条約2条1項の前文及び(d)の規定により、地方公共団体である被告小樽市が、公権力の一翼を担う機関として、国と同様に、人種差別を禁止し終了させる義務を負うとしても、それは政治的責務にとどま」るものと述べたうえ、入浴拒否のような人種差別を禁止し終了させるためにとりうる施策については、小樽市の裁量に委ねられており、同市が人種差別撤廃条例の制定をはじめとした有効な施策をとらなかったとしても、その不作為は、「原則として違法ではなく、例外的に被告小樽市において外国人一律入浴拒否に対し有効な施策を容易にとることができ、市民からみても被告小樽市がその施策をとることを期待するのが相当であるのに、これを怠った場合等に限って、違法となる」と判示して、原告が主張した小樽市の不作為に基づく義務違反の主張を排斥した。また、その控訴審である札幌高等裁判所は、「そこ（人種差別撤廃条約2条1項―筆者注）に定められた、そのために取るべき措置というのは、『すべての適当な方法（状況により必要とされるときは、立法を含む。）』という一般的、抽象的なもので、それ以上に取るべき具体的な方策は定められて

おらず、条例制定の方法を取るべきかどうか、またその方法を取るとしてもいかなる内容の条例とすべきかは同条約の規定上一義的に明確でないから、同条約に基づく1審被告小樽市にとっての上記義務は政治的義務に止まるものと解される」と判示して、一審同様、小樽市の法的責任を否定した(札幌高判平16・9・16判例集未登載)。

しかしながら、人種差別撤廃条約は、国際法上、締約国に対し、国内における人種差別を禁止・終了させるという具体的な法的義務を課すものであるところ、締約国が条約上の義務を果たすためには、国内法上も、国または地方公共団体が、条約の義務履行者として位置づけられる必要があることからすると、同条約の法的性格を否定し、「政治的義務」にとどまるものとした上記の判決には疑問があるといわざるをえない。

また、人種差別撤廃条約2条1項(d)の規定を素直に読めば、人種差別を終了させるにあたって、締約国には、いかなる手段・方法をとるかについては一定の裁量が認められているものの、人種差別の禁止・終了という結果を実現することは一義的に義務づけられており、そのために立法措置を含めて、あらゆる有意義な措置をとることが義務づけられているものと解釈するのが自然であって、そうだとすると、小樽市に広範な裁量があることを前提とする両判決は妥当とはいいがたい。

人種差別撤廃条約のもとにおいて地方公共団体がとるべき方策は、具体的な事情によって異なるが、本件に沿って考えると、B市は、入浴拒否を続けるCに対して要請を行い、自主的な改善を求めたにもかかわらず、Cによる人種差別がやむことはなかったというのであるから、B市としては、浴場名の公表や罰則の適用等といったなんらかの法的な手段を講じる必要があったというべきである。そうすると、地方公共団体であるB市としては、「義務を課し、又は権利を制限するには、法令に特別の定めがある場合を除くほか、条例によらなければならない」とする地方自治法14条2項との関係上、速やかに人種差別を禁止する条例を制定する以外に有効な手段がなかったということができる。したがって、それをしなかったB市の不作為は同条約に反する違法なものであったと解することができよう。

なお、B市が人種差別を禁止する条例を制定しない不作為が人種差別撤廃条約に違反するとして、かかる立法不作為が国家賠償法1条にいう「公権力の

違法な行使」にあたるかという問題については、別途検討する必要がある。

　この点について、判例は、在宅投票制度廃止国家賠償請求事件の最高裁判決（最判昭60・11・21民集39巻1512頁）以降、憲法が立法の内容を一義的に義務づけているような例外的な場合でないかぎり立法不作為が違法となることはないとの立場をとっていたが、近時、最高裁は、日本人選挙権剥奪違法確認等請求事件において、「立法の内容又は立法不作為が国民に憲法上保障されている権利を違法に侵害するものである事が明白な場合や、国民に憲法上保障されている権利行使の機会を確保するために所要の立法措置をとることが必要不可欠であり、それが明白であるにもかかわらず、国会が正当な理由なく長期にわたってこれを怠る場合など」には、立法不作為が違法の評価を受けるとの判断を示した（最判平17・9・14民集59巻7号2087頁）。

　本件のように、不合理な人種差別を受けない権利を長期間にわたって侵害され続けた場合には、立法による救済が不可欠であったとして、国家賠償法上、違法と評価しうる余地があるものと思われる。

【国際人権法の条文】
（自由権規約）
26条　すべての者は、法律の前に平等であり、いかなる差別もなしに法律による平等の保護を受ける権利を有する。このため、法律は、あらゆる差別を禁止し及び人種、皮膚の色、性、言語、宗教、政治的意見その他の意見、国民的若しくは社会的出身、財産、出生又は他の地位等のいかなる理由による差別に対しても平等のかつ効果的な保護をすべての者に保障する。

（人種差別撤廃条約）
5条　第2条に定める基本的義務に従い、締約国は、特に次の権利の享有に当たり、あらゆる形態の人種差別を禁止し及び撤廃すること並びに人種、皮膚の色又は民族的若しくは種族的出身による差別なしに、すべての者が法律の前に平等であるという権利を保障することを約束する。
　(a)〜(e)　（省略）
　(f)　輸送機関、ホテル、飲食店、喫茶店、劇場、公園等一般公衆の使用を目的とするあらゆる場所又はサービスを利用する権利

【参考裁判例】
・静岡地浜松支判平11・10・12判タ1045号216頁（宝石店入店拒否事件）

- 東京地判平13・11・12判時1789号96頁、東京高判平14・8・29金判1155号20頁（住宅ローン受付拒否事件）
- さいたま地判平15・1・14判例集未登載、東京高判平15・7・16（埼玉皮膚の色入居差別事件

【参考文献】
- 伊東秀子「小樽入浴拒否事件」国際人権14号（2003年）125〜126頁
- 村上正直「人種差別撤廃条約における私的人種差別の規制」国際人権14号（2003年）15〜24頁
- 小畑郁「私人による人種差別と地方公共団体の責任」薬師寺公夫ほか『法科大学院ケースブック国際人権法』（日本評論社、2006年）69〜82頁

芝池俊輝（札幌弁護士会）

表現の自由

教科書検定

> Aは高校用の教科書を執筆したが、文部科学大臣が教科書の原稿本の記述に対して、修正および改善を促す検定意見を付した。しかし、これはAに著しい苦痛を与えるものであるため、国家賠償を請求したいと考えた。
> Aから相談を受けた弁護士は、どのような対応をすべきか。

文部科学大臣が原稿本記述に「検定意見」を付す根拠となる教科書検定制度そのものや、付された「検定意見」が、憲法21条ないし自由権規約19条の保障する「表現の自由」を侵害するものであるとして、国家賠償請求訴訟を提起するべきである。

● 解説

1 教科書検定制度の概要

高等学校において使用する教科書について、学校教育法21条1項に「文部科学大臣の検定を経た教科用図書……」(同法51条により高等学校に準用)との規定があり、同条3項により、教科書検定制度については、法律ではなく行政法令である教科用図書検定規則(文部省令)と教科用図書検定基準(文部省告示)が定めている。

1989年4月4日告示の文部省令「教科用図書検定規則」は、教科書検定の基準は「文部科学大臣が別に告示する教科用図書検定基準」による(3条)とし、文部科学大臣が、教科書の検定申請を受け(4条)、検定審議会の意見に基づき「検定の決定」「検定審査不合格決定」を行う(7条)とする。また、「修正後再審査」が適当と認める場合は、文部科学大臣は、決定を留保して「検定意見」を通知し(7条但書)、不合格決定を行おうとするときも「検定審査不合格理由」を

教科書検定 77

事前に通知する（8条）とされる。

申請者の提出する「検定意見に対する意見申立書」（9条）や、検定不合格理由事前通知への「反論書」（8条）により、検定意見を維持するか否かや検定の合否が決定されるが、これらを提出しないと不合格となる。

高等学校教科用図書検定基準（文部省告示）は、「学習指導要領」への準拠や、中立性・公正性、正確性など教科書としての適格性を判断するうえで必要な条件を挙げるとされる。

本件の「修正」および「改善」を促す「検定意見」は、かつて検定合格の条件として強制力を持つ「修正意見」と、参考意見としての「改善意見」が、現行検定制度では一本化されて「検定意見」となったものであるが、上述のように検定審議会の意見に基づき決定留保をした場合に、「修正」を求めて文部科学大臣が通知を行うもので、「修正意見」はもちろん、「改善意見」であっても検定不合格のリスクを伴って「修正」を迫られたことになる。

なお、家永教科書裁判などでは、国側は、教科書検定制度の趣旨を、教育の機会均等、中立公正の確保、教育水準の維持向上にあるとして、その合憲性の根拠としている。

2　教科書執筆者の被侵害利益と法的救済の可能性

設問の教科書執筆者の原稿を盛り込んだ教科書の検定申請手続において、文部科学大臣から「改善意見」「修正意見」という「検定意見」を付された結果、執筆者の意向を受け、検定申請をした教科書出版社が原稿記述の「修正」を行わず「検定不合格」決定処分を受けたのであれば、検定申請者である教科書出版社と教科書執筆者は、その行政処分の取消しを求める行政訴訟を起こすことが考えられる。

これとは別に、「検定不合格」処分により教科書の出版ができなかったことに伴う経済的損害や、教科書執筆者としての表現の自由侵害に伴う精神的損害について、行政行為に伴う損害として国家賠償法に基づく損害賠償請求訴訟を起こすことも考えられる。

本件のような「検定意見」を付され、教科書検定申請をしていた教科書出版社の意向を尊重して、設問の教科書執筆者が心ならずも教科書原稿記述の「修正」に応じざるをえず、その結果、教科書検定は合格し教科書出版は可能となった

場合であっても、「検定意見」を付されたこと自体による、教科書執筆者としての表現の自由侵害に伴う精神的損害の賠償を求めて、国家賠償法に基づく損害賠償請求訴訟を起こすことが考えられる。

　これらの救済手続の前提として、教科書検定制度そのものや、本件「検定意見」ないし「検定不合格処分」が、表現の自由侵害にあたることが必要となるが、「教科書執筆者としての表現の自由」が、憲法21条ないし自由権規約19条の保障に含まれることを確認する必要がある。

3　教科書執筆者の表現の自由

(1)　自由権規約19条と憲法21条の「表現の自由」保障の異同

　自由権規約19条は、憲法21条と同様「表現の自由」を保障するが、その文面の比較においても、憲法21条と異なる「表現及び情報の自由」を保障している。

　すなわち、自由権規約19条は、保障される表現の対象・内容、形式について、その2項で、「あらゆる種類の情報及び考えを求め、受け及び伝える自由を含む」として包括的な保障対象を明示している。例外は、自由権規約19条3項による「他の者の権利又は信用の尊重」「国の安全、公の秩序又は公衆の健康若しくは道徳の保護」の目的のために法律によってなされた制約と、自由権規約自体が法律による禁止を求める自由権規約20条の「戦争のための宣伝」「差別、敵意又は暴力の扇動となる国民的、人種的又は宗教的憎悪の唱導」の制約のみであり、これ以外の表現内容・表現形式は、伝達可能なものであるかぎり、自由権規約19条の保障対象となる。

　また、自由権規約19条は、「情報その他の表現を求め（seek、探究）、受け取る自由」を包含することを明示しており、いわゆる「知る権利」を明文で保障している（そのほかに、たとえば欧州人権条約10条との比較などから、国家による侵害だけでなく私人間効力があるとされ、外国人に対しても内国人と同様の保障があるとされている）。これらは、憲法21条の表現の自由の保障の範囲を拡大して保障しているものと考えられる。

(2)　自由権規約19条と教科書執筆による表現の自由の保障

　自由権規約19条が、表現の対象・形式についてなんらの制約も設けていないことから、教科書執筆についても、その保障範囲に含まれることは文言上明らかである。

憲法21条の解釈において、裁判例などでは、教科書執筆による表現の自由は、学校教育において用いられる教科書は、学校教育の全国一定の水準確保の必要や、批判能力の乏しい子どもが用いることから、内容が中立・公正で、発達段階に相応し、正確であることなどが要求されるという特殊性があり、思想の自由市場の埒外にある（教科書以外の出版として自由市場に登場させることを妨げるものでないからという）と捉える傾向がある。このような議論に対しては、学校教育の場、教科書執筆・出版においても、表現の自由が十分に保障されなければならない教育上の必要と意義があることが指摘されているが、自由権規約19条は、表現の対象・形式について制約を設けていないのであるから、条約法条約31条1項の「条約解釈の一般原則」、自由権規約5条、46条、47条の解釈の一般原則に照らし、加盟国個々の国内法体系上の具体的意味とは独立して自律的に解釈されなければならず、憲法21条の解釈にみられる教科書の特殊性を理由とした「表現の自由制約論」は、自由権規約19条にあっては排斥されていることに留意すべきである。

　自由権規約委員会は、個人通報に対する見解の中で、自由権規約19条2項の保障の包括性を認めている（1993年3月31日見解：Ballanttyne, Davidson and McIntyre v. Canada, Communications Nos.359/1989 and 358/1989, (1993) Doc.A/48/40, 14 HRLJ(1993), pp.171-8）。カナダのケベック州でフランス語以外の言語を用いる商業広告を禁止した州法が自由権規約19条に違反するとして、自由権規約委員会に個人通報した事件で、屋外広告などの商業活動に同条2項の保障は及ばないとする州政府の制約の特殊的合法論を排斥し、同20条と矛盾しない範囲での他人に伝達しうる実体的な思想および意見、ニュース・情報、商業的表現および広告などに保障が及び、表現形式の違いによって制限の程度に違いが生じたり、ある種の表現形式は他の表現形式に比しより広範な制限に服する、という考えに同意できないとした。そこでは、「（19条）第3項で規定されていない形ですべての人の表現の自由についての権利に干渉するようなそれによる管理を阻止するために、効果的な措置をとることが必要」であり、「第3項は、条件を定めており、そして制限が課されうるのはこの条件に服する場合のみである」とする一般的意見10（1983年7月29日採択）が踏襲されている。

　教科書検定制度は、自由権規約4条の「国民の生存を脅かす公の緊急事態」に対応する自由の制約ではありえないから、その表現の自由の制約が自由権規

約19条3項に基づく制約にあたらないかぎり、自由権規約違反ということになる。
　自由権規約19条3項が認める表現の自由の制限は、「(a)他の者の権利又は信用の尊重、(b)国の安全、公の秩序又は公衆の健康若しくは道徳の保護」の目的のために必要とされ、法律によって定められた場合に限られる。
　まず、教科書検定制度は、学校教育法21条の前提となってはいるが、その検定の趣旨・目的が特定されているわけではなく、検定による表現の自由の制約の目的や必要性に言及した法律はなく、「法律によって定められた」ものではないから、自由権規約上許容された表現の自由制限にはあたらない。
　教科書検定が、自由権規約19条3項が許容する「他の者の権利や信用の尊重」の目的に基づくものかについては、子どもの学習権の実現との関連はありうるが、教科書検定制度は包括的に教科書記述の内容をコントロールするものであって、19条3項が予想する表現活動により具体的かつ積極的に他人の権利を侵害するおそれがある場合の制約にはあたらない（なお、自由権規約20条が禁止する「戦争宣伝」「差別、敵意・暴力の扇動となる国民的、人種的、宗教的憎悪の唱道」は、他人の権利侵害のおそれの典型であろうが、教科書検定の目的がこれであるとはされていない）。
　さらに、許容される、「国の安全」を保護するための表現の自由や情報を求める自由の制限は、政治的もしくは軍事的な脅威が国家全体に及んでいるような深刻な事態に陥っている場合に認められるものであり、教科書検定はあたらない。
　また、「公の秩序」を保護するための表現の自由の制限については、単に無秩序や犯罪を防止するにかぎらず、「民主主義社会が基礎をおく普遍的に受け入れられている人権の尊重と調和する基本的原則」が含まれるとされるが、この基準が濫用されれば民主主義の維持に欠くことのできない表現と情報の自由の保障は原則と例外の逆転により骨抜きになってしまうことから、表現の自由に関する国際基準として導かれる最低限度の要求水準はあまり低く設定されてはならないとされている（Nowak p.357, para.48）。ここでは、わが国でしばしば用いられる、「公共の福祉」といった、一般的・包括的な概念によって表現の自由を制約することは予定されていないと考えられ、教科書検定が「公の秩序」を保護するために許容されるとするには、具体的な挙証責任が検定をする側に課せられることになろう。
　「公衆の健康若しくは道徳」の保護が、教科書検定による表現の自由や情報提

供の自由の制約を正当化するという事態は、相当限られた検定基準のもとでは妥当する可能性があるが、それは、教科書検定制度の実体とは異なっていて問題とならないと考えられる。

　以上、要するに、教科書検定制度は、自由権規約19条に保障された教科書執筆者の表現の自由、情報提供の自由を制約する正当な根拠を持たないと考えられる。

4 「検定意見」の内容に即した対応の可能性

　表現の自由侵害ということとは別に、本件「改善意見」「修正意見」として付された「検定意見」の内容によって、文部科学大臣の検定に係る裁量権限の濫用や逸脱が問題となり、違法な検定権限の行使であるとして、上述のような不合格検定処分の取消しや国家賠償を根拠づけていくということも考えられる。この検定権限の行使の違法性の解釈判断にあたって、自由権規約18条（思想・良心および宗教の自由）、社会権規約13条（教育についての権利）、子どもの権利条約29条（教育の目的。同条1項については、国連子どもの権利委員会の一般的意見1がある）に反する「検定意見」であることを指摘して、各種国際人権条約の間接適用を促していくことになる。

5 わが国における裁判例の状況

　教科書検定制度の自由権規約19条違反の主張に関する裁判例には、家永教科書第3次訴訟最高裁判決（最3小判平9・8・29判時1623号49頁）があり、「表現の自由を保障した前記規約19条の規定も、公共の福祉による合理的でやむを得ない限度の制限を否定する趣旨ではないことは、同条の条文から明かである」とする。

　しかし、自由権規約に関する第3回日本政府報告書の自由権規約委員会による審査（1993年10月）の最終所見で、自由権規約に保障された人権の、憲法12条および13条の「『公共の福祉』による制限が、具体的な状況において規約に適合したかたちで適用されるものであるかどうか、も明瞭ではない」（8項）、「表現の自由の権利の尊重に関して、法律や判決の中には制限的なアプローチをしているものがあることを残念に思う」（14項）と、主要な懸念事項として指摘され、第4回日本政府報告書の審査後の最終所見（1998年11月）でも、主な懸念事

項および勧告で、「第3回報告の検討の後に発せられたその勧告が大部分履行されていないことを、遺憾に思う」(6項)、「『公共の福祉』に基づき規約上の権利に付し得る制限に対する懸念を再度表明する。この概念は、曖昧、無制限で、規約上可能な範囲を超えた制限を可能とし得る。前回の見解に引き続いて、委員会は、再度、締約国に対し、国内法を規約に合致させるよう強く勧告する」(8項)とされており、かかる裁判例の「公共の福祉」に基づく人権の制約が、自由権規約の解釈として許容されるかは疑わしい。

【国際人権法の条文および一般的意見】
(自由権規約)
19条1項 すべての者は、干渉されることなく意見を持つ権利を有する。
2項 すべての者は、表現の自由についての権利を有する。この権利には、口頭、手書き若しくは印刷、芸術の形態又は自ら選択する他の方法により、国境とのかかわりなく、あらゆる種類の情報及び考えを求め、受け及び伝える自由を含む。
3項 2の権利の行使には、特別の義務及び責任を伴う。したがつて、この権利の行使については、一定の制限を課することができる。ただし、その制限は、法律によつて定められ、かつ、次の目的のために必要とされるものに限る。
  (a) 他の者の権利又は信用の尊重
  (b) 国の安全、公の秩序又は公衆の健康若しくは道徳の保護

(自由権規約委員会による一般的意見10)
1 第1項は、「干渉されることなく意見を持つ権利」の保護を要求する。これは、規約がいかなる例外又は制限をも許さない権利である。委員会は、第1項に関する締約国からの情報を歓迎したい。
2 第2項は、表現の自由についての権利の保護を要求するが、その権利は、「国境とのかかわりなく」、かつ、いかなる方法によるものであっても、つまり「口頭、手書き若しくは印刷、芸術の形態又は」自ら選択する「他の方法により」、「あらゆる種類の情報及び考えを伝える」自由のみでなく、それを「求め」そして「受ける」自由が含まれる。必ずしもすべての締約国が表現の自由のすべての側面に関する情報を提出してきたわけではない。例えば、現代のマスメディアの発展によって、第3項で規定されていない形ですべての人の表現の自由についての権利に干渉するようなそれによる管理を阻止するために、効果的な措置をとることが必要であるということに、従来はほとんど注意が払われてこなかった。
3 締約国の多くの報告は、表現の自由が憲法又は法律上保障されていることを述べるにとどめている。しかし委員会は、法律上及び実行上の表現の自由の正確な制度を知る

ためには、それに加え、表現の自由の範囲を明確化する規約、又は、一定の制限を定める規則及び事実上本権利の行使に影響を与えるその他の何らかの条件を定める規則のいずれかについての関連情報を必要とする。個人の権利の実際の範囲を決定するものは、表現の自由の原則とそのような制限との間の相互影響なのである。

4　第3項は、表現の自由についての権利の行使が特別の義務及び責任を伴うことを明示的に強調する。そしてこの理由から、本権利に対する一定の制限は、他の者の利益又は共同体の全体としての利益のいずれかに関わる場合に許される。しかし、締約国が表現の自由の行使に対し一定の制限を課する場合、その制限は、権利それ自身を否定するような状況に陥らすことはできない。第3項は、条件を定めており、そして制限が課されうるのはこの条件に服する場合のみである。つまり、制限は、「法律によって定められ」なければならないし、第3項(a)及び(b)で定める目的の一つのために課することができるのみであるし、そしてこの目的の一つのために当該締約国にとって「必要」とされるものとして正当化されなければならない。

【参考裁判例】

本文中に掲げたもののほか、以下を参照。
・東京地判昭62・2・12判時1222号28頁、東京高判昭62・12・25判時1262号30頁、最大判平元・3・8判時1299号41頁（法廷メモ事件）

【参考文献】

・「CCPR Commentary」Manfred Nowak pp.335-358（Article 19）

村山 裕（東京弁護士会）

個人情報の開示

> アメリカ人ジャーナリストAは、日本に在住中、乳房に違和感を覚え、B市立C病院で診察を受けた。同病院の医師Dは触診をしただけで乳ガンではないと診断したが、D医師の診断に不安を感じたAは、アメリカに帰国し精密検査を受けたところ、初期の乳ガンであることがわかった。Aは手術を受け、現在は健康を取り戻している。Aは、日本は長寿国で医療は充実しているはずなのになぜ日本の病院でガンと診断されなかったのか不思議に思い、自己の経験をもとに日本とアメリカの医療制度の違いなどについて記事を書きたいと思っている。参考に自分の診療記録を見たいが、医療過誤訴訟を起こすつもりはない。
>
> このような相談を受けたとき、弁護士としてはどのような手段をとるべきか。なお、B市は、情報公開条例は制定しているものの、個人情報保護条例を制定していない。

1 まず、A本人から、B市の情報公開条例に基づき、実施機関に対し、C病院に保管されているAの診療記録一式について情報公開の請求を行わせるべきである。
2 Aの情報公開請求に対し、B市の実施機関が、診療記録は「個人に関する情報」に該当するとして非公開の決定を行った場合には、B市の情報公開審査会に不服申立てをするか、裁判所に非公開決定取消訴訟を提起すべきである。その際、憲法21条1項および自由権規約19条2項を根拠として、知る権利の主張をすべきである。

●解説

1　情報公開の世界的潮流

情報公開制度は、スウェーデンに始まり、その後1966年のアメリカの情報自

由法（Freedom of Information Act: FOIA）などにより民主主義国家に広く普及することとなった。北欧をはじめ、オランダ、フランスなどヨーロッパ諸国が70年代に、カナダ、オーストラリア、ニュージーランドなどが80年代に情報公開法制を実施し、情報公開制度は世界的潮流となった。

　日本では、1982年に山形県金山町が最初の情報公開条例を制定したのを皮切りに、自治体において情報公開条例の制定が相次いだ。一方、国の情報公開法（行政機関の保有する情報の公開に関する法律）が成立したのは、FOIAから30年以上も遅れた1999年であった。制定に関しては、各国の情報公開制度、とくにアメリカの制度が参考とされている。

　一方、自己の情報の開示を求めることは、情報公開の一部ではあるが、個人情報の保護として捉えられることが多い。個人情報の保護も、諸外国の法整備が先んじている。とくに、1980年の経済開発協力機構（OECD）で採択された「プライバシー保護と個人データの国際流通についてのガイドラインに関する理事会勧告」（OECD理事会勧告、いわゆるOECDガイドライン）は、OECD加盟国に対し、「本勧告の主要部分である勧告附属文書のガイドラインに掲げているプライバシーと個人の自由の保護に係る原則を、その国内法で考慮すること」を求めており、加盟国における個人情報の保護の世界的な標準になっているともいえよう。日本へも大きな影響があり、OECDガイドラインは、日本における個人情報保護法制化の指針となり、政府のガイドラインの作成や個人情報保護法令の制定において、つねに参考にされることとなった。

　そこで、情報公開・個人情報保護をめぐる法律問題では、各国の制度を念頭に置き、取り組む必要がある。

2　憲法21条1項に基づく「知る権利」

　情報公開をめぐる法律問題については、情報の公開を請求する権利はいかなる権利に基づいているのかについて考えねばならない。これは、「知る権利」に基づくものと考えるのが妥当である。

　情報公開の訴訟等で「知る権利」を主張することは、第1に、情報公開制度において、政府や自治体が政策の説明を国民に対して行う責務を負うことはもちろん、情報を知ることが国民・住民の権利であることを明確にすることによって、情報公開をさらに推進するために意義を持つ。第2に、憲法に基礎づけられた

権利を主張することによって、不開示事由の範囲を限定し、不開示事由に該当するか否かの判断基準を明確にするというねらいがある。

「知る権利」の主張について、国の情報公開法（行政機関の保有する情報の公開に関する法律）の目的に「知る権利」という文言を明記することが見送られたために、すでに「知る権利」論争は決着済みであると考え、「知る権利」を主張することは無用ではないかとの態度をとることは望ましくない。目的規定に「知る権利」を明記されなかったことゆえに情報公開法が「知る権利」を否定したとは考えられていないし、さらに「知る権利」という言葉が国民の情報公開法制への関心を高め、その制度化を推進するうえで重要な機能を果たしてきたことに着目すべきである。そこで、情報公開をめぐる訴訟等において、なお「知る権利」を主張することは、情報公開をさらに推進するうえで必要不可欠と思われる。

さて、憲法21条1項は、「言論、出版その他一切の表現の自由は、これを保障する」と規定する。従前、表現の自由は、思想・情報を外部に公表するという「送り手の自由」として保障されたが、情報の送り手と受け手との分離が顕著となり、表現の自由を情報の受け手の一般国民の側から再構成することが必要となり、情報を求める権利としての「知る権利」などが主張されるようになった。現在、学説は概ね「知る権利」を認めているといってよく、自由権的性格、請求権的性格、参政権的性格の複合したものと捉えられている。

なお、最高裁が「知る権利」を情報開示請求権の根拠として明確に位置づけた判例は存しないが、報道の自由との関係で、「報道機関の報道は、民主主義社会において、国民が国政に関与するにつき、重要な判断の資料を提供し、国民の『知る権利』に奉仕する」ものと判断している（最大決昭44・11・26刑集23巻11号1490頁〔博多駅テレビフィルム提出命令事件〕）。また、刑事裁判の傍聴の際、法廷でメモをとることを裁判長に申請したが許可されなかった米国の弁護士が、憲法21条や国際人権規約等に反するとして国家賠償請求を求めた訴訟では、最高裁は、「メモを取る自由は憲法21条の精神に照らして尊重されるべきであり、公正かつ円滑な訴訟の運営を妨げるという特段の事情のないかぎり、故なく妨げられてはならない」と判示している（最大判平元・3・8民集43巻2号89頁〔法廷メモ訴訟〕）。

最近では、「最高裁判所の保有する司法行政文書の開示等に関する事務の取扱要綱」に基づき、ロッキード事件においてコーチャン氏らがその証言等を理由

として起訴されることはないとの検事総長確約は将来にわたり遵守されるとの最高裁宣明書が出された件に関する最高裁裁判官会議議事録の開示を求めたものの不開示となったことについて国家賠償を求めた訴訟で、原告は、「知る権利」を根拠として主張の組立てを行っている。これに対する裁判所の判断は、「情報等に接し、これを摂取する自由は、表現の自由を保障している憲法21条1項の趣旨、目的から、いわば派生原理として当然に導かれるところである」として、「本件要綱に基づいて司法行政文書の開示を求めることは理由なく妨げられてはならないものというべきであって、このような利益も不法行為上の保護の対象とな」ると判示している（東京地判平16・6・24判時1917号29頁）。「知る権利」の主張が、情報公開の推進に寄与した例といえよう。

3　世界人権宣言19条、自由権規約19条2項に基づく「知る権利」

　次に、情報公開訴訟において、憲法の規定にとどまらず、国際条約等を根拠として、「知る権利」の主張の補強をすることも重要である。情報公開制度がすでに世界の潮流であり、何人も諸外国の情報にアクセスすることができる現状においては、国内の情報公開であっても国際的な基準を満たすようなものでなければならないはずだからである。国際条約等としては、世界人権宣言と自由権規約の主張が考えられる。とくに自由権規約は、日本国について発効しているものであるから、これを誠実に遵守することが必要である（憲法98条2項）。

　世界人権宣言19条は、「すべて人は、意見及び表現の自由に対する権利を有する。この権利は、干渉を受けることなく自己の意見をもつ自由並びにあらゆる手段により、また、国境を越えると否とにかかわりなく、情報及び思想を求め、受け、及び伝える自由を含む」と規定し、情報を受領する自由を明記する。そして、世界人権宣言を受けて成立した自由権規約19条2項は、「すべての者は、表現の自由についての権利を有する。この権利には、口頭、手書き若しくは印刷、芸術の形態又は自ら選択する他の方法により、国境とのかかわりなく、あらゆる種類の情報及び考えを求め、受け及び伝える自由を含む」と規定し、メモ（手書き）という方法による「知る権利」の行使が表現の自由に含まれることを明らかにしている。

　これらの規定を根拠に、表現の自由は請求権としての「知る権利」を含むとの主張をすることが重要である。

なお、法廷メモ訴訟では、メモ採取行為は「知る権利」の行使であり、国際人権規約に根拠づけられたものであるとの主張に対し、最高裁は、憲法21条1項の趣旨を論じた後に、「（自由権規約）19条2項の規定も、同様の趣旨にほかならない」と述べるだけで、それ以上触れるところはない。憲法も自由権規約もともに表現の自由を保障しているため、憲法についてのみその趣旨を論ずれば足りるとしたもののごとく思われるが、自由権規約が明確に「知る権利」を示していることからすれば、憲法とは別に自由権規約についての判断がなされるべきであった。
　「知る権利」の国際的動向を踏まえた現代的意義を考えると、今後も情報公開訴訟においては、自由権規約の主張をし、いっそうの理論化が求められるところである。

4　情報公開における本人情報開示

　情報公開法制には、不（非）開示事由が規定されているのが通常である。その1つが、「個人に関する情報」である。不開示とすべき個人に関する情報に該当するか否かは、条例ごとに異なり、いわゆる個人識別性（個人識別情報型）か、またはプライバシー情報か否か（プライバシー情報型）で判断される。本人情報を情報公開条例で請求する場合、対象情報が、文理上「個人に関する情報」に該当することとなり、不開示とされる場合があった。
　しかし、最高裁は、レセプト（診療報酬明細書）の非公開の取消しを争った事案（最3小判平13・12・18民集55巻7号1603頁）において、次のように判示して、情報公開条例に基づく本人開示請求を認めている。「情報公開制度と個人情報保護制度は、……互いに相いれない性質のものではなく、むしろ、相互に補完し合って公の情報の開示を実現するための制度ということができるのである。とりわけ、本件において問題とされる個人に関する情報が情報公開制度において非公開とすべき情報とされるのは、個人情報保護制度が保護の対象とする個人の権利利益と同一の権利利益を保護するためであると解されるのであり、この点において、両者はいわば表裏の関係にあるということができ、本件のような情報公開制度は、限定列挙された非公開情報に該当する場合にのみ例外的に公開請求を拒否することが許されるものである。……情報公開制度に基づいてされた自己の個人情報の開示請求については、そのような請求を許さない趣旨の規

個人情報の開示　　89

定が置かれている場合等は格別、当該個人の上記権利利益を害さないことが請求自体において明らかなときは、個人に関する情報であることを理由に請求を拒否することはできないと解するのが、条例の合理的な解釈というべきである」。

同裁判例は、情報公開条例は制定されているが、個人情報保護条例は制定されていないという状況における事例についての判断であることに注意を要する。すなわち、本来、本人情報については個人情報保護制度で対処すべきであり(たとえば、アメリカでは、本人情報はプライバシー法で、それ以外の情報はFOIAで請求)、情報公開制度を利用するのは日本における特殊な状況が影響している。これは、個人情報保護条例が情報公開条例より遅れて制定されることとなったため、本人情報について情報公開条例を根拠にする以外請求の方法がなかったことによる。

なお、近年は、2003年5月の個人情報の保護に関する法律の制定により個人情報保護条例の制定がさらに進んでいるので、今後は、本人情報の開示については、個人情報保護条例を根拠に請求することになる。

5　カルテ等診療記録の開示の歴史

従来、医療過誤訴訟を前提とした証拠保全手続や一部のカルテ開示に積極的な医師による場合を除いては、患者がカルテ等の診療記録を見る機会はほとんどなかったといってよい。1980年代から市民団体によるカルテ開示の立法化の運動がなされたものの、ごく一部の地方公共団体が個人情報保護条例に基づく開示を認め始めた以外はさしたる進展が見られなかった。しかし、旧厚生省に設置された「カルテ等の診療情報の活用に関する検討会」が、1998年6月に公表した報告書において、診療情報の開示の法制化の提言を行ったことにより、診療記録の開示が進むことになる。医療従事者の反対が強く、医療審議会において法制化は見送られたものの、日本医師会をはじめ、診療情報の提供に関する指針を発表し、自主的な診療情報の提供を行っている。

さらに、2002年7月より、厚生労働省に「診療情報の提供の在り方に関する検討会」が設置され、再度、法制化の議論がなされたが、積極論と消極論の両論を併記する報告書が提出され、決着をみなかった。同検討会の提示した「診療情報の提供に関するガイドライン」は、パブリックコメントの募集を経て、2003年9月に厚生労働省の指針(2003年9月12日医政発第0912001号)とし

て発表されている。同指針によれば、「医療従事者等は、患者等が患者の診療記録の開示を求めた場合には、原則としてこれに応じなければならない」とされ、開示の原則が明確となった。そこで、患者はカルテ等の診療記録の閲覧・謄写を病院に対し行えば、裁判を前提にしないかぎり閲覧・謄写を受けられる環境になりつつある。

　さらに、2003年5月に成立した個人情報の保護に関する3つの法律（個人情報の保護に関する法律、行政機関の保有する個人情報の保護に関する法律、独立行政法人等の保有する個人情報の保護に関する法律）は、医療情報に特化したものではなく情報の種類を問わない一般法の形式ではあるが、情報の主体本人に開示請求権を認めている。したがって、今後は、情報を保有する客体に応じて、3つの法律や条例を使い分けながら（たとえば、国立大学病院は独立行政法人等個人情報保護法、民間の医療機関は個人情報保護法、公立の病院は個人情報保護条例）診療記録の開示を求めることができる。

　2004年12月に厚生労働省が策定した「医療・介護事業者における個人情報の適切な取扱いのためのガイドライン」では、医療機関の保有する個人データについては、開示の原則を打ち出しており、「診療情報の提供等に関する指針」の内容も配慮することとしている。例外として非開示となるのは、①関係者から患者の情報を入手したため、これを患者に知らせると、患者と関係者との間の人間関係が悪化すると考えられる場合や、②症状や予後、治療経過などを十分に説明したとしても、患者本人に重大な心理的影響を与え、その後の治療効果等に悪影響を及ぼす場合など、かなり限定された場合のみとなる。

6　レセプトの開示

　その他、病院の診察内容を知るためには、B市長に対し、情報公開条例または個人情報保護条例に基づき診療報酬明細書（レセプト）の開示を請求する方法も考えられる。レセプトには被保険者（患者）の病名や診療内容が記載されており、診療を行った医療機関等が診療報酬を請求するために、診療報酬の審査機関である社会保険診療報酬支払基金や国民健康保険団体連合会に提出する書類である。最終的には、保険者である健康保険組合や市区町村等に対して送付され、保管される。従来、旧厚生省は、診療上の秘密保護の必要性や病名の告知がなされていない場合等の診療上の支障が生じないようにするため、患者

にレセプトを閲覧させることは適当でないという行政指導を行ってきた。しかし、患者から自己の医療情報について開示を求める要望が高まったため、1995年6月25日付通知「診療報酬明細書等の被保険者への開示について」で、患者本人の診療上支障が生じないことを確認のうえ、レセプトの開示を行うことが適当である旨、方針が変更された。

7　その他

本件は、Aが単に自分の医療記録の内容を知りたいというものであったが、Aが医療過誤訴訟を考えている場合には、医療記録の改ざんがなされないよう、端的に証拠保全手続をすべきである。

【国際人権法の条文】
（自由権規約）
19条2項　すべての者は、表現の自由についての権利を有する。この権利には、口頭、手書き若しくは印刷、芸術の形態又は自ら選択する他の方法により、国境とのかかわりなく、あらゆる種類の情報及び考えを求め、受け及び伝える自由を含む。

【参考裁判例】
本文中に掲げたものを参照。

【参考文献】
・北沢義博・三宅弘『情報公開法解説〔第2版〕』（三省堂、2003年）
・園部逸夫編『個人情報保護法の解説』（ぎょうせい、2005年）
・森田明・杉山真一・小町谷育子『医療・介護分野の個人情報保護Q&A』（青林書院、2005年）
・宇賀克也『新・情報公開法の逐条解説―行政機関情報公開法・独立行政法人等情報公開法〔第3版〕』（有斐閣、2006年）

小町谷育子（第二東京弁護士会）

女性に対する昇給・昇格差別

　結婚したこと、妊娠や出産をしたことを理由に、昇給や昇格差別を受けているので差別の是正を求めたい、との相談を受けた弁護士はどう対応すべきか。
　また、一般職の女性と同期入社の総合職の男性との間に昇給・昇格で大きな差別があるので差別の是正を求めたい、との相談を受けた弁護士はどう対応すべきか。

1　男女雇用機会均等法18条1項に基づく調停の申立をすべきであり、調停が行われない場合は、国を被告として国家賠償請求訴訟を提起し、その根拠として女性差別撤廃条約1条、11条1項、2条(c)(e)、5条(a)違反を主張すべきである。
2　また、会社を相手方として裁判を起こすべきであり、その際、女性差別撤廃条約に従った男女雇用機会均等法の解釈、適用、民法90条違反を主張すべきである。

● 解説

1　女性に対する差別の禁止

(1)　女性差別撤廃条約における定義

　女性差別条約前文は、「出産における女子の役割が差別の根拠となるべきではなく、子の養育には男女及び社会全体が共に責任を負うことが必要であることを認識し、社会及び家庭における男子の伝統的役割を女子の役割とともに変更することが男女の完全な平等の達成に必要であることを認識し、女子に対する差別の撤廃に関する宣言に掲げられている諸原則を実施すること」と定め、5条(a)は「両性のいずれかの劣等性若しくは優越性の観念又は男女の定型化された役割に基づく偏見及び慣習その他あらゆる慣行の撤廃を実現するため、男女の社会的及び文化的な行動様式を修正すること」と規定して、性別役割分担をなく

すことを求めている。

　したがって、既婚女性に対する差別は性別役割分担に基づく女性に対する差別であり、条約がこれをなくさねば女性に対する差別はなくならないとする根源的な差別である。

　また、女性差別撤廃条約1条は、差別の定義を「性に基づく区別、排除又は制限であつて、政治的、経済的、社会的、文化的、市民的その他のいかなる分野においても、女子（婚姻をしているかいないかを問わない。）が男女の平等を基礎として人権及び基本的自由を認識し、享有し又は行使することを害し又は無効にする効果又は目的を有するものをいう」と定めており、「婚姻をしているか否かを問わない」との文言から、条約が既婚女性に対する差別を差別にあたると規定していることは明らかである。

　1条ではまた、女性に不利益をもたらす目的を有するものだけでなく、不利益な効果をもたらすものも差別にあたると規定している。表面的には性中立的な基準であっても、その基準により、いずれかの集団が正当な理由なく不利益を被る場合も差別にあたると規定しており、間接差別も差別にあたる。

　女性差別撤廃委員会は2003年7月、第29会期において第4、5回日本政府報告書を審議し、最終所見で明確に以下のとおり指摘した。

　「委員会は、条約の第1条に沿った、直接及び間接差別を含む、女性に対する差別の定義が国内法にとりこまれることを勧告する。委員会は、また、条約についての、とりわけ間接差別の意味と範囲についての、特に国会議員、司法関係者、法曹一般を対象とした、意識啓発のためのキャンペーンを行うことを勧告する」（22項）。

　「委員会は、主に職種の違いやコース別雇用管理制度に表われるような水平的・垂直的な雇用分離から生じている男女間の賃金格差の存在、及び雇用機会均等法に関連する政府のガイドラインに示されている間接差別の慣行と影響についての認識の不足に懸念を有する。委員会は、更に、パートタイム労働者や派遣労働者に占める女性の割合が高く、彼らの賃金が一般労働者より低いことに懸念を有する。委員会は、主に女性が直面している個人・家庭生活と職業・公的な責任との調和における困難に深い懸念を有する」（33項）。

　「委員会は、締約国が雇用機会均等法に関連するガイドラインを改正すること、労働市場における男女の事実上の機会均等の実現を促進する努力を特に条約

第4条1に沿った暫定的特別措置を用いて増すことを要請する。委員会は、特に教育、訓練、効果的な強制メカニズム、進捗状況の体系的な監視を通じて、水平的・垂直的な職務分離を撤廃するための取組がなされることを勧告する。委員会は、家族的責任と職業上の責任の両立を可能にする施策が強化されること、家庭内の仕事の男女間での平等な分担が促進されること、家庭や労働市場における女性の役割についての固定観念に基づく期待が変わることが奨励されることを勧告する」(34項)。

このように委員会は、条約1条で定める差別は、直接差別および間接差別の両方を含むことを明確にしている。したがって、性中立的な基準であっても、これによって昇進についての権利の行使ができないなど、女性が正当な理由なく不利益な取扱いを受ける場合には、間接差別にあたる女性差別撤廃条約1条に定める差別である。

さらに、女性差別撤廃条約11条1項(c)は、昇進における差別を受けない権利を規定する。したがって、条約に基づいて男女雇用機会均等法を解釈、適用すれば、一般職である女性に対して総合職の男性と昇進について差別することは、同法6条1項に違反する。

(2) 男女雇用機会均等法における定義と改正均等法

雇用の分野における男女の均等な機会及び待遇の確保等に関する法律(男女雇用機会均等法)は、女性差別撤廃条約の批准のための国内法整備の一環として定められた。したがって、同法、同法で定める指針、指針の解釈、適用は、女性差別撤廃条約に適合するものでなければならない。

2006年6月、改正男女雇用機会均等法(以下、2006年改正均等法)が成立し、2007年4月1日より施行となった。

2006年改正均等法7条は、性別以外の事由を要件とする措置として、「事業主は、募集及び採用並びに前各号に掲げる事項に関する措置であって労働者の性別以外の事由を要件とするもののうち、措置の要件を満たす男性および女性の比率その他の事情を勘案して実質的に性別を理由とする差別となるおそれがある措置として厚生労働省令で定めるものについては、当該措置の対象となる業務の性質に照らして当該措置の実施が当該業務の遂行上特に必要である場合、事業の運営の状況に照らして当該措置の実施が雇用管理上特に必要である場合その他の合理的な理由がある場合でなければ、これを講じてはならない」と

規定し、女性差別撤廃委員会が指摘した間接差別についての規定を置いた。
　しかしながら、7条の規定から明らかなとおり、「厚生労働省令で定める」ものについてのみ間接差別にあたるとして限定している。
　平成18年厚生労働省令第183号は、2条で概略、以下の3つの要件を定めている。
①募集、採用における身長・体重・体力要件
②「コース別雇用管理制度」における企画立案、営業、研究開発等を行う労働者が属するコースにおける住居の移転を伴う配置転換
③昇進における転勤経験要件
　しかも、平成18年厚生労働省告示第614号の指針では、2条で雇用管理区分の定めを置いている。
　このように、省令の3要件にあたらない多くの間接差別は容認されてしまうことになり、同じ「雇用管理区分」内でしか差別の是正は行われないことになる。
　女性差別撤廃委員会の指摘は、この2006年改正均等法とは異なる。したがって、同法は女性差別撤廃条約に従って解釈、適用されねばならないと主張し、また、少なくとも女性差別撤廃条約を公序とする民法90条の違反、不法行為を構成すると主張すべきである。
　婚姻、妊娠、出産を理由とする差別については、改正以前も退職の定めおよび解雇について禁止してきたが、2006年改正均等法9条3項は、妊娠、出産を理由とする不利益取扱いについても禁止した。しかし、婚姻を理由とした不利益取扱いについては規定を置いておらず、妊娠、出産についての不利益取扱いについての指針も、以下のとおり不十分なものにしかなっていない。
　平成18年厚生労働省告示第614号の指針第4の3の(3)のニおよびホでは、「同じ期間休業した疾病等や同程度労働能率が低下した疾病等と比較して」「休業期間や労働能率が低下した割合を超えて」不利益に取り扱うことを規定しているが、産前、産後の休業、育児時間の取得を理由とする不利益取扱いに対して「法律上の権利行使を理由とする不利益取扱にほかならず許されない」とし、法が権利行使を保障した趣旨を没却するとした判例からも後退するものとなっている。

(3)　他の条約における定義
　自由権規約委員会の一般的意見18では、「本規約で使われている"差別"という語は……全ての人々が対等の立場で、全ての人権と自由とを認識し、享受し、

行使することを阻止し又は妨げる目的を有し、又はそのような効果を有するものを意味すると理解すべきである」（7項）として、差別には間接差別を含むことを明らかにした。

人種差別撤廃委員会の一般的勧告14は、「委員会は、ある行為が条約に反する効果を有するか否かを決定するにあたり、人種、皮膚の色、世系又は民族的若しくは種族的出身によって区別される集団に対して、その行為が正当化しえぬ不利な影響をもたらすかどうかを検討するであろう」（2項）としている。

(4) EU男女均等待遇指令

1976年のEC男女均等待遇指令2条1項はすでに、「直接的であれ、間接的であれ、性別、特に婚姻上又は家族上の地位に関連した理由に基づくいかなる差別も存在してはならないことを意味する」と規定していた。

2002年9月23日付76年指令修正EU指令は2条1項で、「以下の条項において、待遇平等の原則とは、特に既婚／未婚または家庭の状態に言及することによる直接または間接的ないかなる性差別もないことを意味することとする」とし、2条2項で間接差別の定義を以下のとおり定めた。

「間接的差別：一見して中立な規定、基準または慣行により、男女いずれかがもう一方の性と比較して具体的に不利な状況におかれる場合。但し、当該規定、基準または慣行が、正当な目的によって客観的に正当化され、その目的を達成する手段が適切かつ必要である場合はこの限りではない」。

2　不開始決定と女性差別撤廃条約違反

訴訟以外の方法としての男女雇用機会均等法による救済手段は、同法18～23条で定める調停しかない。同法18条1項に基づき、同法施行規則6条によって事業所の所在を管轄する都道府県労働局長に調停の申立をすることになる。男女雇用機会均等法18条1項は、都道府県労働局長は「調停の申請があった場合において当該紛争解決のために必要であると認める時は、個別紛争解決促進法第6条1項の紛争調整委員会に調停を行わせるものする」と定めている。したがって、2006年改正均等法6条1項、7条違反として都道府県労働局長に調停の申立をする。

また、男女雇用機会均等法18条1項は、労働局長が「紛争解決のために必要であると認める時は」調停を行わせるものとすると定めている。しかし、昇給、昇

格は考課査定による場合が多く、裁量により調停不開始決定（施行規則7条2項）がなされることもありうる。

　女性差別撤廃条約2条は締約国の差別撤廃義務を定め、同条(c)は「権限のある自国の裁判所その他の公の機関を通じて差別となるいかなる行為からも女子を効果的に保護することを確保すること」と定め、同条(e)は「個人、団体又は企業による女子に対する差別を撤廃するためのすべての適当な措置をとること」と定めている。したがって調停不開始決定がなされた場合は、女性差別撤廃条約1条、11条1項、2条(c)(e)、5条(a)に基づいて、男女雇用機会均等法、同指針を解釈適用すべきであるにもかかわらず、これを怠り、女性に対する差別について調停を不開始としたものであり、差別撤廃義務違反となる。

3　私人による差別と女性差別撤廃条約

　女性差別撤廃条約2条(b)(e)、11条は、職場における女性差別を禁止・撤廃する措置をとるよう締約国に求めており、男女雇用機会均等法はその要請に従って制定された。したがって、同法は女性差別撤廃条約に基づいて解釈、適用されねばならないが、同法の規定が条約と抵触する場合には、女性差別撤廃条約は国内法である同法に優位するので、同法の関連規定を無効にするか、その解釈を条約に適合するように変更しなければならない。

　女性差別撤廃条約2条(e)は、企業における差別を明文で撤廃の対象としており、この条約は国内法秩序の一部を構成し、国内法である民法よりも上位に位置づけられるのであるから、女性差別撤廃条約は民法90条の公序良俗の内容をなし、不法行為の解釈を規律する（国際条約の私人間の間接適用については、大阪地判平5・6・18判時1468号130頁、静岡地浜松支判平11・10・12判時1718号101頁参照）。

　民法90条については、すでに日産自動車事件において東京高裁が、「性による差別を受けないことを定めた憲法の趣旨を受けて、私法の一般原則である民法はその冒頭の1条の2において『本法は個人の尊厳と両性の平等を旨として解釈すべし』と規定している。かくして、性による差別を禁止するという男女平等原則は、全ての法律関係を通じた基本原理とされたのであって、この原理が民法90条の公序良俗の内容をなすことは明らかである」と判示した（東京高判昭54・3・12労判315号18頁）。最高裁もこれを支持し、加えて「女子従業員各個

人の能力等の評価を離れて、その全体をYに対する貢献度の上がらない従業員と断定する根拠はない」として、女性という集団を全体として低く評価することを差別であるとした（最判昭56・3・24労判360号23頁）。

　2006年改正均等法7条については前記のとおりであり、間接差別について厚生労働省令で定める3要件に限定したため、3要件以外の間接差別が排除される問題および同じ雇用管理区分ごとにしか差別とならないという問題は依然として残っている。

　衆参両議院において5年後の修正等に関する附帯決議がなされ、衆議院の附帯決議では「省令で規定する以外のものでも司法判断で間接差別法理により違法と判断される可能性があることを広く周知し、厚生労働省令の決定後においても、法律施行後の5年後の見直しを待たずに、機動的に対象事項の追加見直しを図ること」とされ、「均等室においては、省令で規定する以外の間接差別の相談や訴えにも対応するよう努め、これまでと同様の措置を講ずること」とされた。

　5年後を待たずに、均等法が行政指導の根拠規定として制定されている現状に鑑み、女性差別撤廃条約が民法90条の公序となっていることを訴訟においては主張していく必要がある。

【国際人権法の条文】
（女性差別撤廃条約）
5条　締約国は、次の目的のためのすべての適当な措置をとる。
　(a)　両性のいずれかの劣等性若しくは優越性の観念又は男女の定型化された役割に基づく偏見及び慣習その他あらゆる慣行の撤廃を実現するため、男女の社会的及び文化的な行動様式を修正すること。
11条1項　締約国は、男女の平等を基礎として同一の権利、特に次の権利を確保することを目的として、雇用の分野における女子に対する差別を撤廃するためのすべての適当な措置をとる。
　(a)　すべての人間の奪い得ない権利としての労働の権利
　(b)　同一の雇用機会（雇用に関する同一の選考基準の適用を含む。）についての権利
　(c)　職業を自由に選択する権利、昇進、雇用の保障並びに労働に係るすべての給付及び条件についての権利並びに職業訓練及び再訓練（見習、上級職業訓練及び継続的訓練を含む。）を受ける権利
　(d)　同一価値の労働についての同一報酬（手当を含む。）及び同一待遇についての権利

並びに労働の質の評価に関する取扱いの平等についての権利
　(e)　社会保障（特に、退職、失業、傷病、障害、老齢その他の労働不能の場合における社会保障）についての権利及び有給休暇についての権利
　(f)　作業条件に係る健康の保護及び安全（生殖機能の保護を含む。）についての権利
2項　締約国は、婚姻又は母性を理由とする女子に対する差別を防止し、かつ、女子に対して実効的な労働の権利を確保するため、次のことを目的とする適当な措置をとる。
　(a)　妊娠又は母性休暇を理由とする解雇及び婚姻をしているかいないかに基づく差別的解雇を制裁を課して禁止すること。
　(b)　給料又はこれに準ずる社会的給付を伴い、かつ、従前の雇用関係、先任及び社会保障上の利益の喪失を伴わない母性休暇を導入すること。
　(c)　親が家庭責任と職業上の責務及び社会的活動への参加とを両立させることを可能とするために必要な補助的な社会的サービスの提供を、特に保育施設網の設置及び充実を促進することにより奨励すること。
　(d)　妊娠中の女子に有害であることが証明されている種類の作業においては、当該女子に対して特別の保護を与えること。
3項　この条に規定する事項に関する保護法令は、科学上及び技術上の知識に基づき定期的に検討するものとし、必要に応じて、修正し、廃止し、又はその適用を拡大する。

【参考裁判例】

・最判平元・12・14民集43巻12号1895頁（日本シェーリング80％条項事件）
　　産前、産後休暇、育児時間、年次有給休暇、労災休業、通院など、労働基準法上の権利行使、労組法上の権利行使による不就労も含め稼働率80％に満たない場合は賃上げゼロとする協定につき、労基法、労組法上の権利行使を抑制し、ひいては、各法が労働者に各権利を保障した趣旨を実質的に失わせるものと認められるときは公序に反して無効とした。
・大阪地判平12・7・31労判792号50頁（住友電工事件）
　　男女別労務管理による昇給、昇格、研修差別について「性別による差別を禁じた憲法14条の趣旨に反する」と認定しながら、「原告らが採用された昭和40年代ころの時点でみると、被告会社としてはその当時の社会意識や女子の一般的な勤務年数等を前提にして最も効率のよい労務管理を行わざるをえないのであるから公序良俗違反であるとすることはできない」として原告ら敗訴の判決を下した。また国家賠償請求訴訟についても「条約の批准以前あるいは均等法施行以前に行われていた当時としては違法とまではいえなかった採用区分に、右条約や均等法をあてはめて評価するものであるから、遡及適用以外のなにものでもない。右条約や均等法に遡及効はない」として調停不開始決定を合法とし請求を棄却した。

- 東京高判平13・4・17労判803号11頁（学校法人東邦学園事件）

　　支給対象期間の出勤率90％以上として賞与を支給、出勤率の算定にあたって産前・産後休暇、育児時間を欠勤日数に算入して賞与を不支給としたことにつき、労働基準法や育児休業法がこれらの権利を保障した趣旨を実質的に失わせるものであるから公序に反して無効とした。
- 大阪地判平13・6・27労旬1511号36頁（住友生命事件）

　　産前・産後の休業、育児時間の取得を理由とする低査定に対しては「法律上の権利行使を理由とする不利益取扱にほかならず許されない」とし、既婚女性に対する昇給、昇格差別、家事、育児の負担による低査定については「既婚者であることを理由として一律に低査定を行うことは……人事権の濫用として不法行為になる」とし、家事、育児の負担により残業できないとする主張に対しては「人事考課上のマイナス要因とすることは適当でない」と判示した。
- 東京地判平14・2・20労旬1526号46頁（野村証券事件）

　　1999年4月に改正された男女雇用機会均等法施行以降の男女のコース別の処遇について、同法6条に違反するとともに公序良俗違反であるとした。しかし、1999年3月以前は同法が努力義務にとどめていることをもって公序に反して違法とまではいえないとした。
- 大阪高判平14・7・3判時1801号38頁（被災者自立支援金請求事件）

　　財団法人が被災者自立支援金の支給要件を世帯主としたことに対して、一般に男性が世帯主となることが圧倒的に多い社会的実態においては、当該要件は女性を男性よりも事実上不利益に取り扱う結果となるとして、裁量権を逸脱・濫用したものとして公序良俗に違反し無効とした。
- 東京地判平15・11・5労旬1569号42頁（兼松事件）

　　男女のコース別の処遇について、1999年の改正男女雇用機会均等法施行後も新転換制度が合理的であるから違法とまではいえないとした。
- 名古屋地判平16・12・22判時888号28～56頁（岡谷鋼機事件）

　　改正均等法が施行された1999（平成11）年4月以降も男女別コース制を維持することは男女雇用機会均等法6条に違反するとともに公序に反して違法であるとしたが、具体的損害額の確定は困難であるとして慰謝料のみを認めた。

【参考文献】
- 国際女性の地位協会編『女性差別撤廃条約注解』（尚学社、1992年）
- 山下泰子『女性差別撤廃条約の研究』（尚学社、1996年）
- 「住友電工事件に関する意見書」労旬1575号（2004年）24頁

　　　　　　　　　　　　　　　　　　　　　寺沢勝子（大阪弁護士会）

少年法61条と表現の自由

> A弁護士は、少年B（年齢19歳）の殺人事件について、弁護人・付添人として活動していた。少年Bは家庭裁判所から検察官送致（逆送）され、その後、地方裁判所に殺人被告事件で起訴された。
>
> その審理が行われている法廷に、ジャーナリスト風の男性が何度か傍聴に来たが、その後、少年Bの自宅の近隣の住民に対して、その男性が取材に訪れた。また、少年Bの生い立ちなどを、その出身地まで出向いて親戚などに取材していた。やがて、約2週間後に発売される月刊誌が、少年Bが起訴された殺人事件について、少年Bを実名・顔写真入りで詳しく報道しようとしているらしいことが判明した。
>
> この場合に、A弁護士は、少年Bのために、どのような措置をとるべきか。

1　A弁護士としては、その月刊誌を発行している出版社を債務者として、その月刊誌の出版禁止の仮処分を申し立てるべきである。
2　その後、その月刊誌を発行している出版社を被告として、出版差止めおよび損害賠償を求める民事訴訟を提起すべきである。

●解説

1　少年法61条による推知報道禁止の意味

　少年法61条は、「家庭裁判所の審判に付された少年又は少年のとき犯した罪により公訴を提起された者については、氏名、年齢、職業、住居、容ぼう等によりその者が当該事件の本人であることを推知することができるような記事又は写真を新聞紙その他の出版物に掲載してはならない」と規定し、少年事件の被疑者等を推知できる記事等の掲載を禁止している。

　この規定は、一般的には、少年事件に関する秘密保持・非公開の原則として

理解されており、少年および家族の名誉・プライバシーを保護するとともに、そのことを通じて過ちを犯した少年の更生を図ろうとするもので、広く刑事政策的な観点に立った規定であると理解されている（田宮裕・廣瀬健二編『注釈少年法〔改訂版〕』〔有斐閣、2001年〕431頁）。

　もっとも、旧少年法には、違反に対して、1年以下の禁錮または1000円以下の罰金が規定されていたが、第2次世界大戦後、日本国憲法が制定され、表現の自由が保障されたことから、罰則規定が削除された。これは、表現の自由に配慮して、少年事件に関する秘密保持・非公開の原則の遵守を報道機関や社会の自主性に委ねようとした趣旨であると理解されている（山田健太『法とジャーナリズム』〔学陽書房、2004年〕254頁）。

2　表現の自由との調整において国際人権を議論する必要性

　ところが、最近になって、特定の出版社が発行する雑誌（週刊誌、月刊誌）において、少年事件について、少年を推知させるような報道（顔写真や実名の掲載）が続いている。

　そして、憲法21条が保障する表現の自由の観点から少年法61条を検討し、少年の氏名、顔写真、学校名などを一律かつ絶対的に禁止している点で制約の範囲が広すぎ（過大包摂）、他方で、口コミは対象に入らないなど、少年のプライバシー保護の観点からは逆に狭すぎるものであり（過小包摂）、不当に憲法21条の表現の自由を侵害しているなどとする主張も現れるに至っている（松井茂記『少年事件の実名報道は許されないのか──少年法と表現の自由』〔日本評論社、2000年〕130頁以下）。

　また、少年の実名・顔写真を掲載した月刊誌「新潮45」について損害賠償を請求した事件の控訴審判決（大阪高判平12・2・29判時1710号121頁）は、「表現の自由とプライバシー権等の侵害との調整においては、少年法61条の存在を尊重しつつも、なお、表現行為が社会の正当な関心事であり、かつその表現内容・方法が不当なものでない場合には、その表現行為は違法性を欠き、違法なプライバシー権等の侵害とはならないといわなければならない」として、少年の請求を認容した原判決を取り消して、少年の請求を棄却している。

　少年法61条が保障する「推知報道されない権利」が単なる法律上の権利に過ぎないとすると、憲法21条が保障する表現の自由と比較衡量をすれば、つねに

表現の自由のほうが優先することになり、少年の「推知報道されない権利」が画餅に帰することにもなりかねない。

そこで、最近では、少年法61条が保障する「推知報道されない権利」を、国際人権法の観点から見直して再構成することによって、表現の自由にも優越するような強い権利性を認められないかが活発に議論されるようになっている。

3　国際人権法における子どもの権利の確立・充実

第2次世界大戦後、世界においては、国連総会を中心に、子どもの権利の確立に向けて精力的に取り組んできた。

子どもの権利宣言（1959年11月20日第14回国連総会採択）、社会権規約、自由権規約（いずれも1966年12月16日第21回国連総会採択）、女性差別撤廃条約（1979年12月18日第34回国連総会採択）、子どもの権利条約（1989年11月20日第44回国連総会採択）がそれである。

また、国連の「犯罪防止および犯罪者処遇に関する国連会議」（国連犯罪防止会議）においても、「少年司法運営のための国際連合標準最低規則（北京規則）」（1985年第7回犯罪防止会議）、「少年非行の防止に関する国際連合指針（リヤド・ガイドライン）」、「自由を奪われた少年の保護に関する国連規則」（1990年第8回犯罪防止会議）が、それぞれ決議されている。

これらに共通しており、その中核をなしているのは、"子どもの成長発達権"の保障である。すなわち、国際人権法として、"子どもの成長発達権"を中心に、子どもに関する諸権利の保障が確立・充実されてきたといえる（澤登俊雄・比較少年法研究会編著『少年司法と国際準則』〔三省堂、1991年〕参照）。

4　国際人権法における「推知報道されない権利」

子どもの権利条約は、3条1項において子どもの最善の利益の確保について規定し、40条1項は、「当該児童が社会に復帰し及び社会において建設的な役割を担うことがなるべく促進されることを配慮した方法により取り扱われる権利」を保障している。

また、自由権規約14条4項は、少年事件の手続が、その年齢およびその更生の促進にとって望ましいことを考慮すべきことを規定し、それを具体化した北京規則8は、少年のプライバシーの権利が尊重されるべきことや、少年犯罪者の

特定に結びつきうるいかなる情報も公表してはならないことを規定している。

　これらの国際人権法からすれば、少年には、基本的権利のひとつとして、「社会復帰の促進を考慮した取扱いを受ける権利」が保障され、そこには「推知報道をされない権利」が含まれていると考えるべきである（平川宗信「少年推知報道と少年の権利」廣瀬健二・多田辰也編『田宮裕博士追悼論集・上巻』〔信山社、2001年〕515頁）。

5　子どもの権利条約の国内法的効力

　社会権に関する条約については、「わが国に対して法的拘束力を有しないか、法的拘束力を有していても国籍条項を直ちに排斥する趣旨のものではない」とする最高裁判例（最1小判平元・3・2判時1363号68頁）があり、社会権に関する条約に言及した裁判例は、一般に裁判規範性を否定している。

　子どもの権利条約については、日本政府は、この条約の実施のためには新たな国内立法を必要としないという立場をとっているが、この立場をどのように解釈すべきかが問題となる（五十嵐正博「児童権利条約の国内的効力」石川稔・森田明編『児童の権利条約——その内容・課題と対応』〔一粒社、1995年〕53頁以下）。

　確かに子どもの権利条約40条1項が規定する権利の中には社会権的な権利が含まれているが、本件のような「推知報道されない権利」という自由権的な側面については、国内法的効力があり、直接適用されると解すべきである。

6　自由権規約14条4項の国内法的効力

　自由権規約14条4項の解釈に際しては、北京規則8が参考されるべきである。
　北京規則8は、少年司法手続の対象とされた少年が、社会復帰し社会において建設的な役割を果たしていくために重要な権利として、プライバシーの権利が保障されるべきことを規定しており、その観点から解釈されるべきである。

7　わが国における裁判例の状況

　長良川リンチ殺害事件に関する「週刊文春」の実名類似仮名報道について、元少年が損害賠償を請求した事件の控訴審である名古屋高判平12・6・29（判時1736号35頁）は、子どもの権利条約の前文、同3条1項、2項、同5条、同

29条1項(a)、同40条1項を引用するとともに、自由権規約14条4項を引用し、それを具体化した北京規則8を引用して、「以上の少年あるいは子ども（未成年者）の人権ないし権利に関する……国際人権条約の状況並びにその動向等を踏まえるならば、少年法61条の趣旨、目的は、次のように考えるのが相当である」として詳細な説明をしたうえで、「少年法61条は、右のような理解の下に、報道の規制により、成長発達過程にあり、健全に成長するためにより配慮した取扱いを受けるという基本的人権を保護し、併せて、少年の名誉権、プライバシーの権利の保護を図っているものと解するのが相当である」との画期的な判断を示した。

そして、「少年法61条は、憲法で保障される少年の成長発達過程において健全に成長するための権利の保護とともに、少年の名誉権、プライバシーの権利を保護することを目的とするものであるから、同条に違反して実名等の推知報道をする者は、当該少年に対する人権侵害行為として、民法709条に基づき本人に対し不法行為責任を負うものといわなければならない。そして、少年法61条に違反する実名等の推知報道については、報道の内容が真実で、それが公共の利害に関する事項に係り、かつ、専ら公益を図る目的に出た場合においても、成人の犯罪事実報道の場合と異なり、違法性を阻却されることにはならないが、ただ、右のとおり保護されるべき少年の権利ないし法的利益よりも、明らかに社会的利益を擁護する要請が強く優先されるべきであるなどの特段の事情が存する場合に限って違法性が阻却され、免責されるものと解するのが相当である」とし、本件記事について、「少年の権利ないし法的利益よりも社会的利益を擁護する要請が強く優先される特段の事情は認められない」として、元少年側の請求を認容した原判決を支持して控訴を棄却した。

これに対して、その上告審である最判平15・3・14（民集57巻3号229頁）は、「少年の成長発達過程において健全に成長するための権利」が不法行為における被侵害利益になりうることは認めたが、記録上、元少年側（被上告人）は、その主張をしていないと判断するとともに、名誉毀損・プライバシー侵害による不法行為の違法性阻却事由について、「名誉毀損とプライバシーの被侵害利益ごとに違法性阻却事由の有無等を審理し、個別具体的に判断すべきである」として、これと異なる判断を示した原審の判断には、審理不尽の結果、判決に影響を及ぼすことが明らかな法令の違反があるとして、原判決を破棄し、名古屋高裁に差し戻している。そして、その後の差戻審である名古屋高判平16・5・12（判例集

未登載）は、名誉毀損についても、プライバシー侵害についても、いずれも違法性が阻却されるので不法行為は成立しないとして、元少年側の請求を棄却し、その上告・上告受理申立てが認められず確定している。

　控訴審である前掲名古屋高裁判決が国際人権法の内容や動向等を考慮した判断をしたことは高く評価することができ、今後も、名古屋高裁の解釈論に則った主張を展開していくべきである。

　そこで、A弁護士としては、少年Bの代理人として、本訴において、出版差止仮処分や損害賠償請求をすべきである。ちなみに、これまで、少年側が推知報道に対して出版差止仮処分を申し立てた事案は見当たらないが、少年法61条に基づく「推知報道されない権利」の権利性が認められ、それが厚く保護されるべきであることからすれば、A弁護士は、緊急性が認められ、被害の甚大さが予想される事案においては、少年Bの代理人として、出版禁止の仮処分の申立てを行うべきである。

【国際人権法の条文および規則】
（子どもの権利条約）
3条1項　児童に関するすべての措置をとるに当たっては、公的若しくは私的な社会福祉施設、裁判所、行政当局又は立法機関のいずれによって行われるものであっても、児童の最善の利益が主として考慮されるものとする。
40条1項　締約国は、刑法を犯したと申し立てられ、訴追され又は認定されたすべての児童が尊厳及び価値についての当該児童の意識を促進させるような方法であって、当該児童が他の者の人権及び基本的自由を尊重することを強化し、かつ、当該児童の年齢を考慮し、更に、当該児童が社会に復帰し及び社会において建設的な役割を担うことがなるべく促進されることを配慮した方法により取り扱われる権利を認める。
（自由権規約）
14条4項　少年の場合には、手続は、その年齢及びその更生の促進が望ましいことを考慮したものとする。
（北京規則）
8.1　少年の私生活に対する権利は、不当な公開により又は「レッテル貼り」の方法によって少年に害が加えられるのを避けるために、すべての時期において尊重されなければならない。
8.2　原則として、少年の犯罪者を確認する結果となるような情報は、公表してはならない。

【参考裁判例】

　本文中に掲げたものを参照。

【参考文献】

　本文中に掲げた文献のほか、以下を参照。

・葛野尋之「犯罪報道の公共性と少年事件報道」立命館法学271・272号上巻（2001年）953頁以下
・国連ウィーン事務所著／平野裕二訳『少年司法における子どもの権利―国際基準および模範的慣行へのガイド』（現代人文社、2001年）
・山口直也「子どもの成長発達権と少年法61条の意義」山梨学院大学法学論集48号（2001年）104頁
・東京弁護士会・子どもの人権と少年法に関する特別委員会／第二東京弁護士会・子どもの権利に関する委員会編『少年事件報道と子どもの成長発達権―少年の実名・推知報道を考える』（現代人文社、2002年）

山下幸夫（東京弁護士会）

子どもの自己決定と意見表明

　私立Ａ中学校では、卒業記念として3年生が共同で大きな壁画を制作し、生徒たちはその壁画を卒業式の式場の正面ステージに掲げてほしいとの希望を持っていたが、実際に行われた卒業式では、正面ステージには日の丸の旗が貼られ、壁画は卒業生席の背面に掲示された。
　Ａ中学校のこの措置に反発した生徒会長のＢは、卒業式の君が代斉唱時に着席し、2度にわたって大声で「歌えません」と叫び、それに呼応した卒業生や他の生徒のなかにも着席する生徒が続出した。また、Ｂは、卒業証書授与の後、卒業生に贈る言葉を述べる際に、「私は、卒業生が一生懸命共同制作した壁画を正面ステージに貼ってくれなかったことに深く怒り、そして侮辱を感じています。校長先生は卒業生の気持ちをまったく理解していません。卒業生の皆さんは、絶対に校長先生のような人間にはならないでほしいと願います」と述べた。そのため、Ｂの発言をめぐって来賓から野次が飛ばされたり、保護者からは拍手が行われたりして卒業式が喧嘩の場となり、大混乱に陥った。
　Ａ中学校は、後日、Ｂを呼び出して事情を聴取をした後、その行動や発言が卒業式を混乱に陥れたことを理由として、退学処分を行った。
　この場合に、Ｂから相談を受けた弁護士はどのような対応すべきか。

　退学処分がＢの言動を理由としていることが表現の自由等の憲法によって保障された人権を侵害するとともに、子どもの権利条約12条および13条に違反することを主張して、退学処分の取消し（撤回）を求め、学校側がこれに応じない場合は、退学処分の無効確認を求める訴訟提起を検討する。

●解説

1　問題の所在

　卒業式を混乱させたとして退学処分の理由となったＢの言動は、子どもの意

見表明権と表現の自由の2点から考えるべきである。

　卒業生が共同で制作した壁画を、卒業式会場の正面ステージに掲げてほしいという希望が、すでになんらかのかたちで校長や担任等に伝えられていたのであれば、それが「児童に影響を及ぼすすべての事項」にあたることは明らかだから、意見表明権の保障の対象となる。したがって、その希望が「相応に考慮され」（政府訳。原文はgiven due weightなので「正当な重みを与えられる」または「適正に重視される」と訳すべきである）なければ子どもの権利条約12条に違反する。

　次に、卒業式でのBの言動は、意見表明権の問題ではなく表現の自由の問題と考えられる。意見表明権とは、意見を表明すること自体ではなく、子どもに関することがらの決定過程に当の子どもの考えを反映させることにその本旨があるからである。

2　子どもの意見表明権と説明義務

(1)　意見表明権の保障

　子どもの意見表明権は、大人が子どもの意見を聴くことを求めるが、その意見が受け手側（学校）によって適正に重視されることをも求める。それは、人格的自律の主体である子どもが、自らに関わる事項の決定過程に主体的に参加することの不可欠の手段であり、自然的、社会的条件による自己決定の制約を補う子ども固有の権利である。

　子どもの権利条約3条1項は、「児童に関するすべての措置（政府訳。原文はactionsであるから「活動」と訳すべきである——筆者注）をとるに当たっては……児童の最善の利益が主として考慮される（同じくa primary considerationであるから「第一次的に」と訳すべきである——筆者注）ものとする」と規定する。意見表明権の重要な意義のひとつは、子どもに関することがらを決定するについて考慮されるべき「子どもの最善の利益」の判断基準となることである。子どもの権利委員会は、この権利を条約の4つの基本原則の1つに挙げ、13条との結びつきを強調している。

(2)　「適正に重視される」とは

　子どもの意見表明権の保障は、国家等に対して単に子どもの意見表明を制約してはならないという不作為義務を課しているだけではなく、子どもに関する事項の決定に際して、表明された意見を適正に重視するという作為義務を含む。

「適正に重視する」とは、まず子どもに関わる事項の決定にあたって、表明された子どもの意見を、それがなされた経緯、状況を十分に踏まえて正確に把握し、それに従った場合に子どもに生じる影響をその子どもの「最善の利益」の実現の観点から検討することを意味する。そしてその結果、子どもの自律そのものが取り返しのつかない害を受けることが予想される場合にはこれに拘束されないが、そうでない場合はその意見をできるだけ実現するよう努力することを意味している（中川明「子どもの意見表明権と表現の自由に関する一考察──いわゆる『ゲルニカ訴訟』における『意見書』から」北大法学論集50巻2号〔1999年〕参照）。

(3) 説明義務

子どもの意見が「適正に重視される」かどうかは、意見の受け手の具体的な対応にかかっており、子どもが意見を聴いてもらう権利を持つということは、自分の意見が考慮されたという保障が子どもに与えられることを意味する。したがって、子どもの意見を受け入れることが「子どもの最善の利益」の観点から適切でない場合は、その理由が子どもに説明されなければならない（上掲中川論文、後掲『子どもの権利条約のこれから』所収の国連子どもの権利委員会における第1回日本政府報告書の審査会におけるカープ議長の発言参照）。

3 子どもの表現の自由

(1) 保護の客体から権利の主体へ

「子どもの世紀」といわれた20世紀を通じて、「子ども観」も転換している。大づかみにいえば、保護の客体から権利の主体への転換である。

1924年の国際連盟「児童の権利に関する宣言」（ジュネーブ宣言）は「人類は子どもに対して最善のものを与える義務を負う」とした。さらに1959年の国際連合「子どもの権利宣言」は、子どもが人権の主体であることを明言し、「子どもの最善の利益は、子どもの教育および指導の責任を負う者の指導原理でなければならない」としている。

子どもの権利条約はそのような思想が結実したものであって、子どもが人権享有主体であることを明確に宣言するだけでなく、現実の権利行使を積極的に保障しようとするものである。

(2) 教育における子どもの人権

いかなる社会でも、存続をめざすかぎり、その成員を自覚的に再生産するの

であり、近代におけるその手段が（学校）教育である。それは「若い世代の方法的社会化」（デュルケーム）であって、子どもに対する外部からの働きかけである。この外部性に無自覚なまま子どもの学習権を充足しようとすれば、その過程で大人から示される子ども像は、大人の考える子どもらしさの押しつけになるおそれがあり、子どもの自由な自己形成は保障されない。

　社会の秩序を構成している大人の規範は人権（自由）の保障である。教育はそのような社会の成員へと子どもを誘導するものであるから、その過程においても人権保障のルールが貫徹していなければならない。子どもに人権が保障されるということは、かけがえのない存在として他者の尊厳を認めてその自由を尊重することを教えることでもある。このようなルールが貫徹しない場で教育が行われれば、教育が子どもの自由な自己形成の場であるための歯止めは失われてしまう。

　自由の制約は、具体的な状況において衝突する他者の具体的権利との調整である点で、子どもと大人に違いはなく、教育を受けていることがそのまま子どもの人権を制約する根拠となるものではない。この点について、ティンカー事件のアメリカ連邦最高裁1969年2月24日判決の法廷意見は、「生徒は、言論、表現の自由という憲法上の権利を校門で打ち捨ててくるわけではない。……生徒は、学校の外と同様学校の内においても、『人間』として憲法の下にあり、国家が尊重すべき基本的な権利を有する」と述べている。

(3)　子どもの表現の自由の保障

　人の自己形成における表現行為の重要性は子どもであっても異なるところはない。他者との交通の中で行われる子どもの自己形成過程を豊かなものにしようとすれば、子どもは自分の精いっぱいの表現は他者に届くことを知らなければならない。

　子どもの権利条約13条の規定の文言は自由権規約19条とほとんど同じである。また、条約の審議過程においても、表現の自由の制約事由として「子どもの精神面及び福祉面の保護」を付加すべきであるという東ドイツ（当時）の主張は、自由権規約19条にはない制約を子どもにのみ課することは不公平であり、そのようなパターナルな色彩は条約の精神に反する等として退けられた。条約は、表現の自由の保障において、子どもは大人と同一の制約事由にしか服さないことを明示しているといえる。

したがって、教育課程にある子どもの表現の自由の制約にあたっては、具体的状況における当該表現の子どもにとっての重要性と、それによって侵害される権利ないし利益の重みとが厳密に衡量されなければならない。子どもは大人を批判すべきでないという偏見は厳に排除されなければならない。

4 本件の場合

　自分たちが協力して制作した卒業記念の作品を、卒業式の正面ステージに掲げてほしいという生徒たちの希望は十分に理解できるものであり、意見表明権の保障の対象となる事項である。学校側がそのような生徒の希望を知っていたのであれば、その希望を十分に聴いたのか、それを実現できないか真剣に検討したのか、実現できない理由を誠実に説明したのか、が問題である。

　壁画の製作経緯、卒業式におけるその扱いに関する学校側とのやりとり等について、教師、生徒、保護者等から十分な聴取りをするなど調査して、Bの意見表明権が侵害されたか否かを判断する。中学3年生(15歳)という年齢(成熟度)、卒業式のあり方というBにとって避けて通れない切実な問題であることを十分考慮すべきである。

　Bの意見表明権が侵害されたとすれば、それを侵害した学校側を批判するBの表現行為は、表現の自由の保障を受けることになる。Bら生徒の意見表明権が侵害された事情やBにとっての本件表現行為の重要性、批判として節度を保っていることを考えると、子どもの意見表明権に配慮せずBの発言の原因をつくった校長や、不適切な野次によって混乱をもたらした来賓に、Bの表現の自由に優越する権利ないし利益を認めることはできない。また、粛々とした式の進行を妨げられたことについて保護者等が不満を持ったとしても、やはりBの表現行為に優越する価値を認めることはできないと考える。

【国際人権法の条文】
(子どもの権利条約)
12条1項　締約国は、自己の意見を形成する能力のある児童がその児童に影響を及ぼすすべての事項について自由に自己の意見を表明する権利を確保する。この場合において、児童の意見は、その児童の年齢及び成熟度に従って相応に考慮されるものとする。
2項　このため、児童は、特に、自己に影響を及ぼすあらゆる司法上及び行政上の手続において、国内法の手続規則に合致する方法により直接に又は代理人若しくは適当な団

体を通じて聴取される機会を与えられる。

13条1項 児童は、表現の自由についての権利を有する。この権利には、口頭、手書き若しくは印刷、芸術の形態又は自ら選択する他の方法により、国境とのかかわりなく、あらゆる種類の情報及び考えを求め、受け及び伝える自由を含む。

2項 1の権利の行使については、一定の制限を課することができる。ただし、その制限は、法律によって定められ、かつ、次の目的のために必要とされるものに限る。
 (a) 他の者の権利又は信用の尊重
 (b) 国の安全、公の秩序又は公衆の健康若しくは道徳の保護

【参考裁判例】

- 東京地判平3・6・21判時1388号3頁、東京高判平4・10・30判時1443号30頁、最判平8・7・18判時1599号53頁(修徳高校パーマ退学事件)
- 福岡地判平10・2・24判タ965号277頁、福岡高判平11・11・26(ゲルニカ事件)

【参考文献等】

本文中に掲げた文献のほか、以下を参照。

- 「要望書」日弁連総第57号(2001年1月26日。いわゆる所沢高校事件についての人権救済申立事件についてのもの)
- 子どもの人権連・反差別国際運動日本委員会編『子どもの権利条約のこれから』(エイデル出版社、1999年)
- 勝野尚行『子どもの権利条約と学校参加』(法律文化社、1996年)
- 佐藤幸治「子どもの『人権』とは」自由と正義38巻6号(1987年6月)
- ARCのウェブサイト<http://homepage2.nifty.com/childrights/>で、日本政府の第2回定期報告に対する子どもの権利委員会総括所見(2004年1月30日)、同委員会2006年9月29日採択「意見を聴かれる子どもの権利」等豊富な資料を閲覧できる。

小野裕樹(福岡県弁護士会)

退去強制される子ども

　韓国人女性Ａから、「オーバーステイで入管の違反調査を受けているが、小学３年生の子どもＢは日本で生まれ育ったため日本語しか話せないので、日本で生活したい。在留資格が認められるか」との相談を受けた。父親は永住資格を持つ韓国人で、同居していないという。
　このような場合に、弁護士としてはどのような対応をするべきか。また、入管で在留資格が認められなかった場合は、どうすべきか。

1　まず、子どもが父親から認知されているかどうか、さらに子どもの在留資格がどうなっているかを確認すべきである。
2　子どもが在留資格を有していない場合でも、子どもの養育と家族の保護を理由として、入管に在留特別許可を求めるべきである。
3　法務大臣あるいは地方入管局長の裁決で不許可となった場合は、本人の意向を踏まえて裁決および退去強制令書の発付処分の取消しを求める行政訴訟を提起すべきである。

●解説

1　子どもの在留資格

　両親が法律上の婚姻関係にあって、いずれかが在留資格を有する場合は、子どもは入管法22条の２第２項に基づき、出生後30日以内に在留資格取得の申請をすれば在留資格を取得することができる。この在留資格取得の申請が遅れた場合、原則としては子どももオーバーステイとなるが、遅れが短期間であれば、入管が子どもの在留資格を認める場合もある。
　両親が婚姻関係にない場合でも、母親が在留資格を有しておれば、出生の事実だけで親子関係が認められるので、子どもは上記と同じく在留資格取得の申請ができる。父親が在留資格を有していて母親がオーバーステイの場合は、出生の事実だけでは父子の親子関係は認められないので、出生後30日以内に認

知の届出をしたうえで在留資格取得の申請をすれば、子どもは在留資格を取得することができる。この認知の届出が大幅に遅れた場合は、子どもはオーバーステイとなる。この場合、在留特別許可を求めるためには少なくとも父親の認知手続はすべきである。

なお、両親の一方が日本人である場合は、母親が日本人であるときは出生の事実だけで、父親が日本人であるときは胎児認知により子どもは日本国籍を取得する（国籍法2条）。父親が日本人で生後認知の場合は、子どもは日本国籍を取得しないが、出生後30日以内に認知の手続をしたうえで在留資格取得の申請をすれば、子どもは「日本人の配偶者等」の在留資格を取得することができる。この手続が遅れるとやはり、子どもはオーバーステイとなる。

子どもが日本人の実子の場合の外国人親の在留資格については、1996（平成8）年7月30日に法務省入国管理局から出された通達（以下、「7・30通達」）および2006年10月策定の法務省入国管理局「在留資格に係るガイドライン」（以下、「ガイドライン」。<http://www.moj.go.jp/NYUKAN/nyukan52.html>）が存在する。7・30通達は「日本人の実子を扶養する外国人親の取扱いについて」と題され、①嫡出、非嫡出を問わず、現に日本人の実子を外国人親が養育していること、②外国人親が親権者であること、③実子が日本人父から認知されていること、の3つの要件を満たす場合には外国人親の「定住者」としての在留資格を認める内容となっている。この外国人親がオーバーステイの場合にもこの通達の適用があるか否かについて、裁判では、入管は「定住者への在留資格の変更を許可する」という通達の文言を理由にオーバーステイの外国人親についてのこの通達の適用を否定している。しかし、実際上は多くの場合準用がなされているのが実情と思われる。

2　在留資格を求める理由

上記において、子どもが出生後30日以内に在留資格を有する韓国人父から認知を受けたうえで在留資格取得の申請をしていた場合は、子どもは「永住者の配偶者等」という在留資格を有しているはずである。父親があるいは母親が永住者ではなく「定住者」の在留資格の場合は、子どもは同じく「定住者」の在留資格を取得する。

父親が認知していない場合、あるいは認知してもそれが出生後30日以内でな

い場合は、子どもはオーバーステイとなっている。

　このいずれの場合であっても、この韓国人母子の在留特別許可を求めていくべきである。その際、母親の在留資格については上記7・30通達およびガイドラインの準用を求めるべきである。これらは、日本人（および特別永住者）実子の福祉を考慮して、これを養育する外国人親の在留資格を認めるものである。そこには、親子が別の国に分かれて住むこととなる親子分離を避ける意図が含まれていると考えられる。外国人の場合でも、永住者あるいは定住者は本邦において永住することが予定されている。子の福祉の観点からは、日本人実子の場合となんら変わらないと考えられる。

3　子どもの権利条約に定める子どもの最善の利益

　退去強制は子どもに深刻な影響を与えるものである。言葉の問題、教育の問題、親子分離の問題、友人や先生との別れ等々……。子どもの権利や家族の保護を保障した子どもの権利条約や、自由権規約は退去強制においても適用がある。

　子どもの権利条約2条1項は、「締約国は、その管轄の下にある児童に対し、……いかなる差別もなしにこの条約に定める権利を尊重し、及び確保する」と規定している。すなわち、条約上の権利は日本の「管轄の下」にあるすべての子どもに保障されるのであり、子ども自身またはその親・後見人等の在留資格の有無は問われない。合法にか違法にかを問わず、外国人の子どもがいったん日本の管轄下に入った以上、条約の規定を当該の子どもに関して適用する義務が日本政府には存する。

　子どもの権利条約3条1項は、「子どもに関するすべての措置をとるに当たっては、公的若しくは私的な社会福祉施設、裁判所、行政当局又は立法機関のいずれによって行われるものであっても、子どもの最善の利益が主として考慮されるものとする」と定めている。これは、国連子どもの権利委員会の元委員であるマルタ・サントス・パイス氏が述べるように、子どもの利益を親その他の主体や社会一般の利益から独立したものと位置づけ、「子どもに影響を与えるあらゆる状況、あらゆる決定において、可能性のあるさまざまな解決策を検討し、子どもの利益を正当に重視すること」（OHCHR et. al., Manual on Human Rights Reporting, United Nations, 1997, pp.419-420）を求めた判断基準であり、手続上の原則である。本原則は、その文言および審議経過に照らし、子どもの最善の

利益が他の考慮事項よりもつねに優先して考慮されることを求めたものとはいえない。しかし、条約の正文（英語）では、"the best interests of the child shall be a primary consideration"と表現されている。"primary"という言葉は、「首位の」「主要な」「根本の」という意味であり、子どもの最善の利益の考慮にはきわめて重要な位置づけが与えられている。したがって、決定権者には、①子どもの最善の利益について注意深く慎重に検討すること、しかも②それは親や社会の利益からは独立したものであること、および③子どもの最善の利益に部分的にまたは全面的に反する決定を行う場合、子どもの最善の利益以外の考慮事項を優先させる正当事由を示すこと、の責任があると解される。

　子どもの最善の利益原則が退去強制等の出入国管理手続にも適用されることは、子どもの権利委員会および各国の国内裁判所が一致して認めてきたところである。したがって、本件のような退去強制処分・在留特別許可・不許可処分等の可否を判断するにあたっては、子どもの最善の利益原則が適用されなければならず、当該処分が法務大臣の自由裁量に基づくものであるということはできない。

　1997年7月9日のカナダ連邦最高裁判所の判決は、子どもの最善の利益原則をはじめとする子どもの権利条約の規定を援用して、ジャマイカ国籍を有する母親Bakerに対するカナダ入管当局の決定を取り消した。その論旨は大要以下のとおりである。カナダが子どもの権利条約を批准したこと、およびカナダが批准した他の国際文書において子どもの権利と最善の利益が重要視されていることは、連邦移民法114条2項に基づく決定を行う際に子どもの利益を考慮することの重要性を示す。すなわち、子どもの権利条約に見られる価値・原則は、子どもの将来に関連し、それに影響を及ぼす決定を行う際に、子どもの権利とその最善の利益に注意深くあることの重要性を認める。また、同様のことを強調する他の国際文書もある。したがって、条約その他の国際文書の諸原則は、本件決定の合理性の有無の判断にあたって中心的となる諸価値を示す一助となる（村上正直「カナダの出入国管理行政における子どもの利益の考慮の一端——カナダ連邦最高裁判所Baker判決を中心に」藤田久一・松井芳郎・坂元茂樹編『人権法と人道法の新世紀』〔東信堂、2001年〕119〜147頁、とくに130〜131頁）。

　また子どもの権利委員会は、定期報告書ガイドラインにおいて、子どもの最善の利益（3条）との関連で「家庭生活、学校生活、社会生活および次のような領域において、子どもの最善の利益がどのように第一義的に考慮されているか

についての情報を提供されたい」とし、「次のような領域」に「出入国管理、庇護申請および難民認定の手続」を含めている（General guidelines for periodic reports, CRC/C/58, para.35）。

　子どもの権利委員会は、各締約国に宛てた最終所見の中でも、出入国管理において子どもの最善の利益原則が適用されるべきことをたびたび表明している。

4　自由権規約委員会の見解

　家族・子どもの保護等を定めた国際人権条約の規定により出入国管理制度における行政裁量が制約されるという上記解釈は、自由権規約委員会2001年8月16日に採択した個人通報に対する見解（Communication No.930/2000, CCPR/C/72/D/930/2000）でも明らかにされている。当該事案は、オーストラリアに在留する元インドネシア国籍（申立時は無国籍）の夫婦が、オーストラリア政府による退去強制決定は申立人およびその息子（オーストラリア国籍、申立時13歳）の権利を侵害するものであるとして、自由権規約委員会の判断を求めて通報を行ったものである。

　自由権規約委員会は、見解において、申立人夫婦を退去させることにより、10年にわたって同国に居住してきた子どもが親と離れて同国に在留するか、または親とともに出国するかの選択を家族に余儀なくさせるのは、少なくとも、長期的に安定した家族生活に相当の変化が生じると予想される本件のような場合には家族に対する「干渉」になると認定した（7.1項）。また、「締約国には、出入国政策を執行し、不法に滞在する者の退去を求める余地が相当に存在する」ことを認めながらも、「しかしながら、当該裁量は無制限ではなく、一定の状況下においては恣意的に行使されることに至る場合がある」ことに注意を促した（7.3項）。

　そのうえで、自由権規約委員会は、本件事案においては申立人の息子が出生後13年間オーストラリアで育ってきており、普通の子どもと同様にオーストラリアの学校に通学しており、固有の社会的関係を育んできていることを踏まえ、以下のように本件退去強制の執行が自由権規約違反となることを認定している。「このような在留期間の長さに照らせば、締約国には、恣意的であるとの認定を避けるために、出入国管理法を単純に執行するという以上の、両親の退去強制を正当化するに足る付加的要素を示す義務が存する。したがって委員会は、本件の特定の状況下においては、締約国が申立人の退去強制を実行することが、被害

者とされる者全員（申立人およびその息子―筆者注）との関連で、規約23条とともに規約17条1項に反する恣意的干渉を構成すると考えるものである。加えて、当該退去強制の実行は、Barry Winata（申立人の息子―筆者注）との関連では、未成年者として必要な保護措置を提供しないことにつながるために24条1項違反を構成する」（7.3項）。

　この自由権規約委員会の見解では、退去強制が家族の分離につながる場合には、家族・子どもの保護という利益を超えて当該退去強制を執行することを正当化するに足りる根拠が締約国によって示されなければならないとしている。これは利益衡量の判断枠組みによっており、入管がいう法務大臣の自由裁量論とは大きく異なる。

5　言語学から見た子どもへの影響

　多文化教育の専門家である山田泉法政大学教授の意見書によれば、退去強制が子どもの成長に著しい悪影響を及ぼす可能性がきわめて高いことが指摘されている（大阪高等裁判所平成14年（行コ）第35号事件に提出された教授の意見書）。

　すなわち、同意見書によれば、今日一般的に言語運用能力というとき、「日常生活言語」の能力と「学習思考言語」の能力と2つに分けて議論される。前者はいわゆる日常会話で用いられる言語であり、後者は教育を受ける過程で習得し概念を言語的に操作するために用いられるものである。さらに、子どもの第二言語習得において、一般的に「日常生活言語」の習得は2年から3年の期間が必要であるのに対し、「学習思考言語」の習得は、専門家による適切な教育を得られるという条件下でも5年から7年かかると考えられている。これらは、概念操作による抽象的思考能力を支えるための言語運用能力習得がいかに体系的教育によるところが大きいかを示している。したがって、近代社会において子ども個人が自己実現を果たすうえで必要な発達を促すには、継続的に体系的教育を保障することが不可欠といえる。

　小学校の低・中学年の時期は、「学習思考言語」を学校での教科等の学習を通じて獲得し始める段階であり、「学習思考言語」の基礎を身につけるとともに、「学習思考言語」の身につけ方を身につける時期でもある。このような学校教育での基礎段階に教育環境とりわけ言語環境の著しく異なったなかに子どもが置

かれると、「日常生活言語」を必死で学んでいる間に、教科の学習内容の理解や「学習思考言語」の習得は一般の子どもたちにどんどん水をあけられ、もはや追いつけない（学んでも理解できない）状態になることが多い。そのうえ、この間母語（本件の子どもBにとっては日本語）での学習思考言語の伸長はまったく期待できない。そうすると、このような教育環境下では、母語（日本語）でも、韓国語でも「学習思考言語」が獲得できない状態（セミリンガル）となり、そのまま成長するともう何語でも「学習思考言語」を身につけることができなくなるおそれが強い。

現在は中学生以上の日本で育った子どものいる家族には在留特別許可が認められる可能性があるが（Asian People's Friendship Society編『子どもたちにアムネスティを──在留特別許可取得一斉行動の記録』〔現代人文社、2002年〕参照）、本件の年齢の子どもについても、送還は子どもの健全発達を阻害することになる。日本での教育が継続されれば、これまでなされてきた言語教育を継続・発展しうるわけであり、子どもの発達にとってより望ましいことは明らかである。

6　最後に

このように、送還が子どもたちに与える影響は深刻であり、子どもの権利条約や自由権規約の子どもと家族の保護の規定に反するものである。日本の入管や裁判所はこのことをまだほとんど正面から認めないが、これを認めさせる不断の努力が求められているといえる。そのためには、教育関係者の協力が不可欠であり、国連の国際機関等への訴えも必要と思われる。最近になって、高学年の子どもについて、退去強制処分を取り消す旨の判決が地裁のみならず高裁でも出始めていたり、入管が親の帰国を前提に子どもに対する教育の保障の観点から在留特別許可を付与する傾向にあることは大きな前進であるが、家族が揃って在留できる状況までは至っていない。

なお、本件設定とよく似た家族の事案は、2004年10月最高裁で敗訴が確定したが、その後教育関係者等多くの団体個人の努力により、父親が子どもを引き取ることによって再審情願で子どもに在留資格が付与された。母親はいったん韓国に帰国したが、家族の統合を目的に再来日が許可され、母子3人の生活が再び始まっている。

【国際人権法の条文】

（子どもの権利条約）

2条1項　締約国は、その管轄の下にある児童に対し、児童又はその父母若しくは法定保護者の人種、皮膚の色、性、言語、宗教、政治的意見その他の意見、国民的、種族的若しくは社会的出身、財産、心身障害、出生又は他の地位にかかわらず、いかなる差別もなしにこの条約に定める権利を尊重し、及び確保する。

3条1項　児童に関するすべての措置をとるに当たっては、公的若しくは私的な社会福祉施設、裁判所、行政当局又は立法機関のいずれによって行われるものであっても、児童の最善の利益が主として考慮されるものとする。

（自由権規約）

17条1項　何人も、その私生活、家族、住居若しくは通信に対して恣意的に若しくは不法に干渉され又は名誉及び信用を不法に攻撃されない。

23条1項　家族は、社会の自然かつ基礎的な単位であり、社会及び国による保護を受ける権利を有する。

24条1項　すべての児童は、人種、皮膚の色、性、言語、宗教、国民的若しくは社会的出身、財産又は出生によるいかなる差別もなしに、未成年者としての地位に必要とされる保護の措置であって家族、社会及び国による措置についての権利を有する。

【参考裁判例】
・東京地判平15・9・19判時1836号46頁
・東京地判平18・3・28判時1952号79頁

【参考文献】
　本文中に掲げた文献のほか、以下を参照。
・村上正直「外国人の追放と家族の利益の保護―規約人権委員会の実行を中心に」㈶世界人権問題研究センター研究紀要7号（2002年）
・外国人の子どもたちの「在留資格問題」連絡会編『先生！日本（ここ）で学ばせて！―強制送還される子どもたち』（現代人文社、2004年）

空野佳弘（大阪弁護士会）

子ども

婚外子に対する相続差別

> 　Aは、法律婚をしていない両親の間に生まれた婚外子（非嫡出子）である。Aの父には法律上の妻Bとの間に2人の嫡出子（婚内子、CおよびD）がいる。Aの父親が死亡し、法定相続人であるB、DらとAとの間で遺産分割協議が開始された。
> 　Aから相談を受けた弁護士は、どのような主張をすべきか。

　婚内子と婚外子の相続分を別異に定める民法の規定は、憲法14条、自由権規約、女性差別撤廃条約、子どもの権利条約に違反し、無効であるから、婚外子には婚内子と平等の相続分が認められるべきであると主張する。

●解説

1　民法の規定の立法理由

　民法900条4号は、法定相続人の相続分について、「子、直系尊属又は兄弟姉妹が数人あるときは、各自の相続分は、相等しいものとする。ただし、嫡出でない子の相続分は、嫡出である子の相続分の二分の一」する、と定める。この規定の立法目的は、嫡出でない子（婚外子）の相続分を嫡出子（婚内子）の相続分の2分の1にすることによって、適法な婚姻（法律婚）による家族の利益を保護するため、といわれている。

　第2次大戦後、民法が新憲法の理念に従って改正される際、この規定の合理性が問題とされたが、「正当な婚姻を奨励尊重するための合理的差別」として残された。1979（昭和54）年に法務省は相続法改正にあたってこの差別規定を撤廃する試案を公表したが、世論調査の結果を踏まえ、改正が見送られた。さらに1994（平成6）年7月に公表された法務省法制審議会の「婚姻制度等に関する民法改正要綱試案」も「嫡出でない子の相続分は、嫡出である子の相続分と同等とするものとする」と提案したが、政府提出法案として国会提出に至っていない。

　なお、内閣府が2006（平成18）年12月に実施した「家族の法制に関する世論

調査」では、嫡出でない子の相続分を嫡出である子の2分の1と定める制度について、「現在の制度を変えない方がよい」との回答が41.1％、「相続できる金額を同じにすべきである」との回答が24.%、「どちらともいえない」との回答が31.2％あった。しかし、「法の支配」とは多数決とは異なる原理であり、仮に国民の多数が婚外子差別を支持していたとしても、正義の実現を図る法律家の答えは別異であるべきである。

2　国内裁判例の状況

　先進国の多くで婚外子に対する差別が撤廃され、後述のとおり、国連機関でも多くの勧告・意見が採択されたにもかかわらず、民法900条4号但書の合憲性について判断する裁判例は、1990年代初頭まで公刊された判例集には登場しなかった。その理由は、国際人権法を引用することが弁護士実務にとって一般的でなかったことに加え、婚外子は法律婚制度を乱す道徳的に好ましくない存在であり、婚外子を産むような女性は差別されても当然といった考え方が、社会の中に根強く残っていたからではないかと思われる。最初の婚外子差別違憲判決の当事者となった女性は、家裁の調停で調停委員から「婚外子は殺人犯と同じような加害者だ」と言われた体験を綴っている。

　1990年代半ばになって、婚外子の相続分差別規定に対して、憲法や国際人権法を引用した精緻な理論構成によって実務家が挑戦を試みるようになり、相次いで下級審で違憲の判断が出されるようになった。東京高決平5・6・23（判時1465号55頁）は、民法900条4号但書は憲法14条1項に違反し無効である、とした。この決定は、適法な婚姻の保護という立法目的には合理性を認めたものの、婚外子の相続分を差別することとこの立法目的には関連性がない、とした。さらに同決定は、その理由として自由権規約24条1項および子どもの権利条約（判決当時、未批准）2条2項の「精神」を引用している。東京高裁決平6・11・30（判時1465号55頁）は、同様に民法の当該規定を憲法14条1項違反としたが、国際人権条約の引用はない。同決定は、婚内子が被相続人と50年以上、絶縁していたのに対し、婚外子が被相続人とその家族に対して「孝養を尽くし扶養義務を果たした」という事実認定をしたうえで、「嫡出子が非嫡出子の2倍の相続分を有するとすることの合理性を論証しがたい好個の事例である」と指摘している。横浜地川崎支決平7・4・7（判例集未登載）も、同様に、国際人権条約

を引用することなく、民法の当該規定を憲法14条1項違反であるとした。

これに対し、最高裁は最大判平7・7・5（判タ885号83頁）でこの問題に解答を示した。最高裁判決の多数意見は、民法の規定の趣旨は嫡出子の立場を尊重し非嫡出子にも2分の1の相続分を認めることで「法律婚の尊重と非嫡出子の保護の調整をはかったもの」であるとしたうえで、「現行民法は法律婚主義を採用しているのであるから、右のような本件規定の立法理由にも合理的な根拠があるというべきであり、本件規定が非嫡出子の法定相続分を嫡出子の2分の1としたことが、右立法理由との関連において著しく不合理であり、立法府に与えられた合理的な裁量の限界を超えたものということはできないのであって、本件規定は、合理的理由のない差別とはいえず、憲法14条1項に反するものとはいえない」とした。これについては5名の裁判官によって反対意見が述べられているが、この反対意見および補足意見中の大西裁判官は、自由権規約、子どもの権利条約を引用している。なお、婚外子差別を違憲とする最高裁少数意見の論拠は、①父母が婚姻しているかどうかは子に責任のないことであり、それにより不利益を受けることは近代法の基本原理に反する、②婚外子差別をすることで婚外関係を抑止できない、③婚姻の尊重と婚外子の差別との間に必然性がない、④配偶者の保護は寄与分の認定により可能である、といったものである（二宮周平『家族法〔第2版〕』〔新世社、2005年〕287頁参照）。

この大法廷判決の後、いくつかの最高裁小法廷判決が婚外子の相続分差別について判断を示している。多数意見の結論は合憲説であるが、小法廷を構成する5人の裁判官の合憲・違憲の相違は、2000（平成12）年判決では4対1であったものが、2003（平成15）年の2つの判決および2004（平成16）年判決では3対2に接近している。しかも合憲説をとる裁判官には「違憲の疑いが極めて濃い」という留保をつけているものもある。さらに、従来、違憲説をとるのは弁護士出身の最高裁判事に限られていたが、いわゆるキャリア裁判官出身の最高裁判事が違憲説を唱えるようになったのも、新しい現象であり、議論はまさに拮抗している。

3　国際人権法の考え方

婚外子差別をめぐっては、1970年代以降、国連機関でさまざまな意見、条約、見解等が採択されている。

⑴　**国連経済社会理事会の見解**

　まず、国連経済社会理事会「非婚の母の地位に関する宣言」（1972年）は「相続に関する一切の事柄において、非婚の母の子孫に対して差別があるべきではない」と述べている。

⑵　**自由権規約委員会の見解**

　自由権規約に関しては、一般的意見17（1989年4月5日採択）において「児童が……いかなる理由による差別に対しても保護されることを要求」し、「委員会は、規約の定める権利享有における無差別が、児童の場合には、第2条からも由来し、そして、児童の法律の前の平等が第26条から由来する一方で、第24条に含まれる無差別条項が特に本条の規定で定める保護の措置に関連していることに留意する」として、「締約国による報告は、……婚内子と婚外子との間における差別を除去するためにとられることをどのように法令と実行が確保しているのかを示すべきである」（5項）と述べている。

　そして、1993年の第3回日本政府報告書審査に対する最終所見では、「委員会は、婚外子に対する差別的な法制度に特に憂慮している。特に、出生届と戸籍に関わる法文・慣行は、規約の17条と24条に違反している。婚外子の相続権に対する差別は、規約の26条に違反している」（11項）、「委員会は、又、婚外子に対する日本の法制度を改正し、そこに含まれている差別的条項を削除して、本規約の第2、24と26条に適合するように勧告する。日本に依然存在しつづけているすべての差別的な法規と慣行は、本規約の第2、3と26条に従って廃止されるべきである。日本政府は、この問題について、世論に方向付けを与えるように努力するべきである」（17項）と述べる。

　また、1998年の第4回日本政府報告書審査に対する最終所見でも、「委員会は、特に国籍、戸籍及び相続権に関し、婚外子に対する差別について引き続き懸念を有する。委員会は、規約第26条に従い、すべての児童は平等の保護を与えられるという立場を再確認し、締約国が民法第900条第4項を含む、法律の改正のために必要な措置を取ることを勧告する」（12項）と述べている。

⑶　**子どもの権利委員会の見解**

　子どもの権利条約に関しては、1998年の第1回日本政府報告書審査に対する最終所見で、「委員会は、児童の権利に関する条約が国内法に優先し国内裁判所で援用できるにもかかわらず、実際には、通常、裁判所がその判決の中で

国際人権条約一般、就中、児童の権利に関する条約を直接に適用していないことを懸念をもって留意する」（7項）として、「差別の禁止（第2条）……の一般原則が、とりわけ……婚外子のように、特に弱者の範疇に属する児童の関連において、児童に関する立法政策及びプログラムに十分に取り入れられていないこと」に懸念を表し（13項）、「婚外子の相続権が婚内子の相続権の半分となることを規定している民法第900条第4項のように、差別を明示的に許容している法律条項、及び、公的文書における婚外の出生の記載について特に懸念する」としている（14項）。そして、「条約の一般原則、特に差別の禁止（第2条）……の一般原則が、単に政策の議論及び意思決定の指針となるのみでなく、児童に影響を与えるいかなる法改正、司法的・行政的決定においてもまた、全ての事業及びプログラムの発展及び実施においても、適切に反映されることを確保するために一層の努力が払われなければならないとの見解である。特に、婚外子に対して存在する差別を是正するために立法措置が導入されるべきである」（35項）と勧告している。

また、2004年の第2回日本政府報告書審査に対する最終所見でも、「委員会は、締約国が、とくに相続ならびに市民権および出生登録に関わるいかなる婚外子差別も解消するために法律を改正するとともに、法令から『嫡出でない』といった差別的用語を根絶するよう勧告」している（25項）。

(4) **社会権規約委員会の見解**

社会権規約に関しては、2001年の第2回日本政府報告書審査に対する最終所見で、「委員会はまた、とくに相続権および国籍の権利の制限との関連で、婚外子に対する法的、社会的および制度的差別が根強く残っていることも懸念する」（14項）として、「委員会は、締約国に対し、近代社会では受け入れられない『非嫡出子』という概念を法律および慣行から取り除くこと、および、婚外子に対するあらゆる形態の差別を解消し、かつさらに当事者の規約上の権利（第2条2項および第10条）を回復するために緊急に立法上および行政上の措置をとることを促」している（41項）。

(5) **女性差別撤廃委員会の見解**

女性差別撤廃条約に関しては、2003年の第4回・第5回日本政府報告書審査に対する最終所見において、「委員会は、また、戸籍、相続権に関する法や行政措置における婚外子に対する差別及びその結果としての女性への重大な影

響に懸念を有する。委員会は日本政府に対して、民法の中にいまだに残る差別的な条項を削除し、立法や行政実務を女性差別撤廃条約に適合させることを求め」ている(35項)。

4　相続分差別以外の差別をめぐる裁判例の状況

　婚外子に対する差別をめぐっては、相続分差別以外に、上記で引用した国際人権条約上の機関が指摘するように、日本国内の法制度にさまざまな問題があり、実務でもその有効性に挑戦がなされている。

(1)　住民票の続柄記載

　住民票の世帯主との続柄欄は、婚内子は「長男」「長女」という形式で世帯主との関係が表示されるのに対して、婚外子は「子」との記載がなされていた(1995年の改正前)。住民票は就職や転居の際に他人の目に触れる機会が多く、そこで一見して明白に婚外子であることがわかるような記載をすることはプライバシー権および平等権の侵害であるかが争われたケースがある。控訴審である東京高判平7・3・22（判時1529号29頁）は、このような続柄記載は事実婚夫婦およびその子の有するプライバシーを侵害し、かつ子をその社会的身分である非嫡出子であることを理由として差別するものであり、違法である、としたが、そのような記載をした公務員に職務執行の際に故意過失がないことを理由に損害賠償請求を退けた。また、控訴人（一審原告）は「嫡出子との区別のない住民票の発行」を求めていたが、国は控訴審の口頭弁論終結後に住民基本台帳事務処理要領を改正し、すべての住民票の続柄記載を婚内子・婚外子を問わず「子」に統一した。そのため、控訴審判決は「差別のない住民票の発行」請求については、訴えの利益がなく不適法であるとして却下した。

　上告審（最1小判平11・1・21判時1675号48頁）は、プライバシー侵害・平等権侵害のいずれも認定せず、住民等の権利ないし利益を侵害するか否かにかかわりなく、公務員が職務上尽くすべき注意義務を尽くさないで続柄記載をしたとはいえないのであるから、国家賠償法1条1項にいう違法はない、とした。

(2)　戸籍の続柄記載

　戸籍の筆頭者との続柄欄は、婚内子は「長男」「長女」という形式で父母との関係が表示されるのに対して、婚外子は、父の認知がなければ父の欄は空白となり、認知があったとしても、父母との続柄欄は「男」「女」と記載されていた（2004

年の改正前)。これは戸籍上、一見して明白に婚内子と婚外子を差別するものである、として、上記(1)の住民票訴訟が最高裁で確定した後、プライバシー権、平等権を主たる根拠として、訴訟が提起されるに至った。

一審判決は、婚外子の戸籍の続柄の記載はプライバシーを侵害する違法なものである、と認定したが、被告である国および自治体に注意義務違反がないことを理由に請求を棄却した(東京地判平16・3・2)。これに対し、控訴審はプライバシー侵害の違法性も認定せず、控訴を棄却した(東京高判平17・3・24判時1899号101頁。上告棄却により確定)。

しかしながら、国は本件訴訟の控訴審係属中に法務省令により戸籍の続柄記載を変え、婚外子については母との関係で「長男」「長女」と記載するように改めた(平成16年法務省令76号)。ただし過去に遡って婚外子の戸籍すべてを変更する効力はなく、戸籍の記載の訂正を希望する婚外子が戸籍役場に申し出ることが必要である。これについては、法務省はプライバシー侵害の責任を負うのであり、国の責任で更正すべきであろう。また父母との関係を「子」ではなく、「長男」「長女」といった家制度の名残である序列によって記載することについても、その合理性には疑問がある。

(3) **国籍取得**

国籍法2条は、「出生の時に父または母が日本国民であるとき」には出生による国籍取得を認めている。民法上、認知は出生のときまで遡ってその効力を生じるが(民法784条)、国籍の実務においては、国籍の浮遊性の禁止という論理によって、日本人の父が外国人を母とする子どもを認知しても、その子どもは「出生の時に父が日本国民であるとき」にはあたらない、とされている。この解釈は判例でも支持されており、国籍法上、認知の効果は出生時まで遡及しない、とされている(最2小判平9・10・17等)。

例外は、父が胎児認知をした場合であるが、この手続は在日外国人の間であまり知られておらず、婚外子が出生後に日本人から認知を受けても子どもが日本国籍を取得できない、という問題が生じている。

さらに国籍法3条1項は、「父母の婚姻およびその認知により嫡出子たる身分を取得した子で20歳未満のもの」に一定の要件の下で日本国籍取得を認めるが、ここでは父の認知のほかに「父母の婚姻」が要件とされている。これに対し、国籍法3条1項が「父母の婚姻」を国籍取得の要件としていることは婚外子に対す

る不合理な差別であって、憲法14条に違反し、認知によって日本人父との法律上の親子関係を生じたすべての子に日本国籍取得を認めるべきである、として、国籍法の違憲性を争う訴訟が相次いで提起されている。代表的な例として、東京地判平17・4・13（判タ1175号106頁）は、原告の憲法違反の主張を認め国籍法の一部無効を判示したが、控訴審である東京高判平18・2・28（家月58巻6号47頁）は一審を取り消し、憲法違反はないとした。上告審の判断が待たれるところである（この後、東京地判平18・3・19も国籍法3条1項を違憲とした。控訴審継続中）。

(4) 児童扶養手当の受給

　児童扶養手当法は、母または養育者（母がいないときに児童を監護する者）に対して都道府県が児童扶養手当を支給することを定めるが、受給対象者は、父母の婚姻解消、父の死亡等と並んでこれらに準じる状態で「政令で定めるもの」と規定する。この法律の委任を受けた児童扶養手当法施行令は、「母が婚姻によらないで懐胎した児童（父から認知をされた児童を除く）」と規定していた。そのため、離別・死別母子家庭は、所得制限の範囲内であれば児童扶養手当が支給されるのに対し、婚外子を持つ母は婚外子の父より子どもの認知を受けると手当の受給資格を失うこととされていた。

　この児童扶養手当法施行令の規定（父の認知により当然に手当の受給資格を喪失する）に対しては、離別・死別母子との差別であるとしていくつかの訴訟が提起されたが、下級審の判断は分かれていた。これについて最高裁として統一した判断を示したのが最1小判平14・1・31（判時1776号49頁）および最2小判平14・2・22（判時1783号50頁）の2つの判決である（いずれも破棄自判）。判決はいずれも、婚外子は世帯の生計維持者としての父がいないことから手当の支給対象者とされているが、父による認知があったとしてもそのことで当然に母との婚姻関係が形成されたり現実の扶養が期待できるともいえないから、施行令が括弧書きで「父から認知された児童を除く」としているのは、法律の委任の趣旨に反するものである、とした。判決は、この判断によって当該規定の全体が無効となるのではなく、除外部分のみが無効となる、という解釈を示した。

　この施行令は、訴訟係属中に平成10年6月24日政令224号により問題の括弧書きが削除され、現在では立法上の解決が図られている。判決が条約論や憲法論をすり抜け、委任立法の限界という法律解釈論で結論を導き出していると

ころにもの足りなさを感じる。

【国際人権法の条文および一般的意見】
(自由権規約)
24条1項　すべての児童は、人種、皮膚の色、性、言語、宗教、国民的若しくは社会的出身、財産又は出生によるいかなる差別もなしに、未成年者としての地位に必要とされる保護の措置であつて家族、社会及び国による措置についての権利を有する。
2項　すべての児童は、出生の後直ちに登録され、かつ、氏名を有する。
3項　すべての児童は、国籍を取得する権利を有する。
26条　すべての者は、法律の前に平等であり、いかなる差別もなしに法律による平等の保護を受ける権利を有する。このため、法律は、あらゆる差別を禁止し及び人種、皮膚の色、性、言語、宗教、政治的意見その他の意見、国民的若しくは社会的出身、財産、出生又は他の地位等のいかなる理由による差別に対しても平等のかつ効果的な保護をすべての者に保障する。

(自由権規約委員会による一般的意見17)
5　規約は、児童が人種、皮膚の色、性、言葉、宗教、国民的若しくは社会的出身、財産又は出生等のいかなる理由による差別に対しても保護されることを要求する。この関連で、委員会は、規約の定める権利享有における無差別(non-discrimination)が、児童の場合には、第2条からも由来し、そして、児童の法律の前の平等が第26条から由来する一方で、第24条に含まれる無差別条項が特に本条の規定で定める保護の措置に関連していることに留意する。締約国による報告は、保護の措置が相続を含むあらゆる分野におけるすべての差別を、なかんずく国民たる児童と外国人たる児童との間における又は嫡出子と非嫡出子との間における差別を除去するためにとられることをどのように法令と実行が確保しているのかを示すべきである。

(子どもの権利条約)
2条1項　締約国は、その管轄の下にある児童に対し、児童又はその父母若しくは法定保護者の人種、皮膚の色、性、言語、宗教、政治的意見その他の意見、国民的、種族的若しくは社会的出身、財産、心身障害、出生又は他の地位にかかわらず、いかなる差別もなしにこの条約に定める権利を尊重し、及び確保する。
2項　締約国は、児童がその父母、法定保護者又は家族の構成員の地位、活動、表明した意見又は信念によるあらゆる形態の差別又は処罰から保護されることを確保するためのすべての適当な措置をとる。

(社会権規約)
2条2項　この規約の締約国は、この規約に規定する権利が人種、皮膚の色、性、言語、宗教、政治的意見その他の意見、国民的若しくは社会的出身、財産、出生又は他の地

位によるいかなる差別もなしに行使されることを保障することを約束する。
10条　この規約の締約国は、次のことを認める。
　1　できる限り広範な保護及び援助が、社会の自然かつ基礎的な単位である家族に対し、特に、家族の形成のために並びに扶養児童の養育及び教育について責任を有する間に、与えられるべきである。婚姻は、両当事者の自由な合意に基づいて成立するものでなければならない。
　2　産前産後の合理的な期間においては、特別な保護が母親に与えられるべきである。働いている母親には、その期間において、有給休暇又は相当な社会保障給付を伴う休暇が与えられるべきである。
　3　保護及び援助のための特別な措置が、出生その他の事情を理由とするいかなる差別もなく、すべての児童及び年少者のためにとられるべきである。児童及び年少者は、経済的及び社会的な搾取から保護されるべきである。児童及び年少者を、その精神若しくは健康に有害であり、その生命に危険があり又はその正常な発育を妨げるおそれのある労働に使用することは、法律で処罰すべきである。また、国は、年齢による制限を定め、その年齢に達しない児童を賃金を支払つて使用することを法律で禁止しかつ処罰すべきである。

（女性差別撤廃条約）
16条1項(d)　子に関する事項についての親（婚姻をしているかいないかを問わない。）としての同一の権利及び責任。あらゆる場合において、子の利益は至上である。

【参考裁判例】
①平成7年大法廷判決後の婚外子の相続分をめぐる最高裁判決
・最1小判平12・1・27判時1707号121頁
・最2小判平15・3・28判時1820号62頁
・最1小判平15・3・31判時1820号64頁
・最1小判平16・10・14判時1884号40頁
②外国籍の婚外子の国籍取得
・東京地判平3・5・23判タ761号174頁、東京高判平7・3・22判タ874号82頁、最1小判平11・1・21判タ1002号94頁
・大阪地判平8・6・28判タ928号64頁、大阪高判平10・9・25判タ992号103頁、最2小判平14・11・22判タ1111号127頁
③児童扶養手当ての受給訴訟
・奈良地判平6・9・28判時1559号26頁、大阪高判平7・11・21判時1559号26頁、最1小判平14・1・31判タ1085号169頁（奈良訴訟）
・京都地判平10・8・7判タ1037号122頁、大阪高判平12・5・16訟月47巻4号917頁、

最2小判平14・2・22判タ1089号131頁(京都訴訟)
・広島地判平11・3・31訟月48巻1号129頁、広島高判平12・11・16判タ1101号98頁、最1小判平14・1・31(広島訴訟)

【参考文献】
・水野紀子「婚外子戸籍記載変更請求事件」国際人権17号(2006年)
・棟居快行「コメント：婚外子戸籍記載変更請求事件」同上
・大村敦志『家族法〔第2版補訂版〕』(有斐閣、2004年)
・奥田安弘『国籍法と国際親子法』(有斐閣、2004年)
・なくそう戸籍と婚外子差別・交流会編『なくそう婚外子・女性への差別』(明石書店、2004年)

林 陽子(第二東京弁護士会)

受刑者に対する昼夜間独居拘禁

　Ａ刑務所に収容されている受刑者Ｂから、かつて国選弁護を担当した弁護士のもとに「不当な懲罰を受けたのち、すでに１年以上昼夜間独居拘禁の処遇を受けているが、これまでその理由の説明もなく、どのようにしたら通常の処遇に戻れるかもわからない。新しく法律ができて『隔離収容』という制度ができたようだが、自分に対しては『隔離収容』という言渡しはなされていない。１年以上、会話をする相手もないので、幻影が見えたり、幻聴が聞こえたりするようになってきた。どのようにしたらこのような処遇から抜け出すことができるか、裁判や不服申立は可能か」との手紙が届いた。
　弁護士としてはどのような対応をとるべきか。

1　長期にわたる昼夜独居拘禁は、「隔離収容」の処分の有無にかかわらず、明らかに非人道的な処遇を禁止した自由権規約７条および10条、被拘禁者保護原則６などに違反する措置であることを指摘し、状況を改善するためにＡ刑務所当局と交渉し、昼夜独居拘禁の理由を明らかにさせ、本人にも処遇態度を改めることなどをアドバイスして、早期に昼夜独居拘禁状態の解消に努めるべきである。
2　このような交渉が功を奏しない場合には、Ａ刑務所当局の措置が隔離収容の法的規制を潜脱した脱法的なものであり、違法であるとして国家賠償訴訟を提起すべきである。ただし、国家賠償訴訟の提起によって独居拘禁処遇が報復的に継続される可能性があるので、裁判の提起には細心の注意を払うべきである。

● 解説

1　旧監獄法の下における昼夜間独居拘禁

2005年５月に「刑事施設及び受刑者の処遇等に関する法律（受刑者処遇法）」

が、2006年6月に「刑事施設及び受刑者の処遇等に関する法律の一部を改正する法律」がそれぞれ成立して、新たに「刑事収容施設及び被収容者等の処遇に関する法律」（以下、「被収容者処遇法」。2007年6月までに施行の予定）となり、監獄法は全面改正された。

旧監獄法下における昼夜間独居拘禁とは、刑務所内の規律秩序を害するおそれがあるという理由で、受刑者を工場に出さずに、狭い房内で袋貼りなどの作業を行わせる特別の処遇であった。根拠は監獄法施行規則47条で、「戒護の為め隔離の必要ある」場合とされていた。矯正職員研修の教科書では、対象者は「1　他のものと全く共同生活ができない特異な性格を有する者、2　暴力的傾向や他の被収容者を扇動する性癖を持っていて、共同生活をさせる場合には、行刑施設の保安を害するおそれが特に顕著な者、3　他の者から、精神的、身体的圧力を受けやすい者」とされていた（法務省矯正研修所編『行刑法〔改訂版〕』〔矯正協会、1997年〕）。

処遇の内容は作業以外の運動や入浴も1人だけで行うのが原則であり、独居拘禁の処分は期間は6カ月が原則とされ、3カ月ごとに更新ができるとされていた。決定の際も更新の際も、本人にはその理由も含めて何の告知もされないのが通例である。また、独居拘禁とされた受刑者には仮釈放はまったく認められない。

2　独居拘禁対象者の生活

所内のレクリエーションなどに出席することは認められず、通常の居房には設置されているテレビもない。テレビも設置しないということは、この処遇が懲罰的な色彩を帯びていることを示している。

この房内では、作業中だけでなく、日課外の時間であっても、就寝時間前は座った姿勢が強制され、立ち上がったり、壁によりかかったり、足を崩して伸ばすこと、立て膝なども禁止されている。

房の外に出られるのは運動と入浴と面会のときに限られる。運動は休日と入浴日には実施されず、1回の運動時間はわずか30分である（この点は新法によってわずかに改善され、入浴日にも運動は実施されることとなり、時間も刑務所によれば40分程度認められるようになっている）。通常の受刑者は広い運動場を使って野球やランニングも認められているが、独居者の運動場は鳥小屋と呼ば

れる扇形の狭い檻のような空間である。短冊状の細長い形で全力疾走することも不可能で、屈伸運動と縄跳びぐらいしかできず、十分体を動かして運動することは不可能である。国連の「被拘禁者取扱いのための標準最低規則」(Standard Minimum Rules for the Treatment of Prisoners。以下、「被拘禁者取扱い最低規則」) 21条1項で「屋外作業に従事しないすべての被拘禁者には、天候が許す限り、毎日少なくとも1時間、戸外で適当な運動をさせなければならない」と定めている。

そして、独居拘禁中は、房外に出たときも、他の受刑者との会話や看守との私語が厳格に禁止されている。他の受刑者と廊下で会った際に挨拶のために声をかけたりするだけで、懲罰の対象とされている。

看守と受刑者の私語が発覚した場合、受刑者が懲罰の対象とされるだけでなく、看守も懲戒の対象とされている。このような厳しい措置は、受刑者から依頼されてタバコ、覚せい剤や逃走用のノコギリを調達したり、外部との連絡を行うような不祥事の防止のためとされ、近時強められる傾向にある。

長期の独居拘禁とされていた受刑者と面会して感ずることは、うまく人とコミュニケーションがとれない、猜疑心が強く、強迫的な精神状態にある者が多いということである。しかし、独居からの解放に成功し、通常の生活を送るようになると、このような性格が消失することをいく度となく体験してきた。このことは、このような性格は、その受刑者の生来のものではなく、独居拘禁によって作られた病的な状態であることを示している。

3　独居拘禁に関する国内裁判例

国内の裁判例は後記のとおりであるが、違法性を認めている裁判例に共通しているのは、このような処遇が人間本来のあり方とほど遠い閉鎖的で不自然な生活を強要するものとの理解が示されていることである。そして、独居拘禁が長期になるに従って、刑務所長の裁量は厳しく羈束され、通常の処遇を試みる義務があり、更新を続けるためには具体的な必要性がなければならないとするものである。

このような考え方に対して、適法とする判決は独居拘禁を拘禁の一形態と捉え、特別な不利益を受刑者に課すものではないとして、拘禁形態の選択について刑務所長の広い裁量権を認めているのが特徴である。このような判決の考え方は、

後述する国際人権法によって確立された独居拘禁に関する考え方に著しく違反するものである。

4　自由権規約委員会の見解

次に国際人権基準に則れば、独居拘禁はどのように評価すべきものだろうか。まず第一に参照されるべき条項は自由権規約7条と10条である。

一時的に規律秩序の維持のために必要性がある場合に、懲罰制度以外に、ある受刑者を他の受刑者から切り離す独居処遇は諸外国においてもまったく見られないものではない。しかし、日本における独居拘禁は異常に長期間に及び、房内での行動が制限され、受刑者の精神的・肉体的健康に対して非可逆的な悪影響を及ぼす危険性が高い点できわめて過酷で異例なものである。長期にわたる独居拘禁は、拘禁反応などの精神疾患と腰痛・脊椎傷害その他の身体の障害にもつながりかねない。

1998年11月の第4回日本政府報告書審査における最終所見は、「委員会は、規約2条3項、同7条、及び同10条の適用について深刻な問題が生じている日本の刑務所制度の諸側面に関し、深い懸念を抱いている」（27項）として、6項目の具体的な問題点を取り上げているが、その(b)では「厳正独居の頻繁な使用を含む苛酷な懲罰手段の使用」が指摘されている。このことは、日本における昼夜独居の過酷さを示すものといえる。

5　被拘禁者保護原則等の国連人権基準と長期の独居拘禁

被拘禁者取扱い最低規則32条は、独居拘禁については医師が被収容者を診察し、かつその者がこれに耐えられると書面によって証明した場合を除いて、密閉拘禁または減食による懲罰を禁止している。

次に、国連「あらゆる形態の抑留又は拘禁の下にあるすべての者の保護のための諸原則」（Body of Principles for the Protection of All Persons under Any Form of Detention or Imprisonment。以下、「被拘禁者保護原則」）6は自由権規約の7条と同様の規定であるが、その原文に付された注は、非人道的な取扱いなどは「身体的であるか精神的であるかを問わず、虐待（抑留され又は拘禁された者から、視覚若しくは聴覚のような自然的感覚又は場所の意識若しくは時間の経過のいずれかの利用を、一時的又は永久的に奪うような状態に置くこと

を含む。)に対してもっとも広い保護を与えるように解釈されるものとする」としている。この注がとくに長期の独居拘禁を念頭に置いたものであることは、この原則の制定に尽力した国際人権NGOアムネスティ・インターナショナルが作成した解釈メモに「原則6に付された脚注は長期の独居拘禁を含め、一定の虐待行為に対して申し立てを行う際に有用なものとなるであろう」とされていることからも明らかである。

国連「被拘禁者取扱いのための基本原則」(Basic Principles for the Treatment of Prisoner) 7は「処罰としての独居拘禁の廃止又はその使用の制限に向けた努力が、行われかつ奨励されるべきである」と定めている。ここでは、処罰としての独居拘禁がとくに対象とされているが、これは、処罰でなく処遇として長期にわたって独居拘禁を行うような実務慣行が欧米ではすでにほとんど見られないため、このような表現となっているのである。

6 ナイジェル・ロドリー氏の見解

世界的な拷問問題の権威であり、エセックス大学の国際人権法の教授で国連人権委員会の拷問問題特別報告者を務めたナイジェル・ロドリー氏は、独居拘禁が規約違反となる場合について、次のような解説を行っている。「1つのファクターは、孤独の強制が合理的な規律上の目的もしくは他の被拘禁者からの保護という目的に必要な限度を超えているかどうかである。もう1つのファクターは、一方で独居拘禁を課す意思決定の過程が十分コントロールされた手続にどれだけ従うものであるか、他方で監獄当局による恣意的なさらには報復的な行動の結果であるかどうかの程度である。そして、期間はキーファクターとなるだろう」(Nigel S. Rodley, The Treatment of Prisoners under International Law〔国際法の下における被拘禁者の処遇〕2d ed., 2000, pp.295-296)。

ここでは、必要性、手続の適正、恣意的判断の排除のシステム、期間が非人道性・違法性の判断のポイントとなっていることがわかる。

7 ヨーロッパ拷問防止委員会の独居拘禁についての考え方

ヨーロッパ拷問防止委員会は、ヨーロッパ評議会の起草したヨーロッパ拷問防止条約の条約実施機関である。この機関はヨーロッパ人権裁判所と異なり、司法的な機関ではなく、各国の自由を奪われた人々の拘束されている施設を定

期的、もしくは臨時に訪問するモニタリングの機関である。

　この委員会がその発足から10年を記念して、各年度の年次報告書の拘禁に関する見解の「実質的な」部分をまとめて、1999年に出版した。この中で、独房拘禁に関する委員会の見解を示した部分を以下に引用する。

　「委員会は、その理由を問わず（懲罰目的、「危険行動」「問題行動」、刑事捜査の利益のため、本人の要請によるなど）、独房に類似した状況にある刑事被拘禁者に特別の注意を払っている。

　本人に非常に有害な結果に至るステップである独房型の拘禁は、その必要性と実施の間の衡量の原則が必要である。独房拘禁は、場合によっては非人道的または品位を傷つける取扱いとなる。いずれの場合においても、あらゆる形態の独房拘禁はできるかぎり短期間としなければならない。

　かかる方法が本人の意思に反して実施され、あるいは本人の要請により実施された場合の基本的な安全保護は本人または本人に代わって監獄職員が医師の診察を要請したときは遅滞なく医師による刑事被拘禁者の診察を受けられるようにしておくことである。刑事被拘禁者の身体的、精神的状況も含め、必要がある場合には、独房拘禁において予見可能な結果を記述して管轄当局に提出しなければならない」（日本弁護士連合会『ヨーロッパの拷問等防止委員会資料等』〔2001年〕29～30頁）。

　ここでも、独房拘禁が被拘禁者にとって有害であること、必要性とのバランスが必要であること、できるかぎり短期間としなければならないこと、遅滞なく医師の診察を受けられること、などが要請されている。

8　独居拘禁の減少と改善を約束した行刑改革会議提言

　NPO法人監獄人権センターは、1995年の設立当初から独居拘禁の制限、将来的な廃止を求めてきた。いくつかの裁判を支援もしてきた。しかし、裁判はいずれも結果的には敗訴し、改革はきわめて困難であった。

　2002年、名古屋刑務所事件が明るみに出て、続いて独居拘禁とされていた者の多くが不審な死を遂げていることが明るみに出された。このような状況を背景に、行刑制度の抜本的な改革のための法務大臣の諮問機関である行刑改革会議が、2003年4月に設立された。

　2003年12月に公表された行刑改革会議の提言では、昼夜間独居拘禁が受刑

者の心身にもたらす悪影響を認め、この弊害を除くために「必要最小限の期間にとどめる」とした。また、当初の期間と更新期間を短縮して見直す機会を増やし、精神科医師の意見聴取を義務づけた。処遇困難者の処遇について治療やカウンセリングを重視することも提言している。また、独居拘禁となっている者についてだけではないが、毎日1時間の戸外運動を保障することも決められた（この点は残念ながら新法には盛り込まれなかった）。また、合理性のない所内規則を見直すことも明記された。

9　被収容者処遇法（新法）における隔離の要件、期間、手続

(1)　隔離の要件

　この行刑改革会議提言を受けて制定された被収容者処遇法は76条1項において、隔離の要件について「刑事施設の規律及び秩序を害するおそれがあるとき」と「他の被収容者から危害を加えられるおそれがあり、これを避けるために他に方法がないとき」と規定する。これまでの運用に比べ、その適用範囲はかなり限定されている。隔離の処遇内容については同項は、「運動、入浴又は面会の場合その他の法務省令で定める場合を除き、昼夜、居室において行う」としている。この規定の意味は、受刑者を他の受刑者から隔離するときは、この規定によらなければならず、隔離されている者についても、運動、入浴、面会の場合などは、他の受刑者と接触させることがあることを示している。

(2)　隔離の期間と手続保障

　次に、隔離収容についての期間の最長期限の限定を行うことは、今回の改正にあたっての、日弁連などの強い要望であった。数十年にも及ぶような長期の独居拘禁を避けるためには、更新を繰り返した際の最長の期間も6カ月程度に定め、この期間が経過したときは、少なくともいったんは集団処遇を試みることとすべきである。

　被収容者処遇法は、隔離の期間については原則3カ月、「特に継続の必要がある場合には」1カ月ごとに更新できるものとした。継続には「特に」必要があることが要件とされており、この点からも長期の独居固定には一定の歯止めがかけられている（76条2項）。また、受刑者の隔離に関する訓令4条によれば、隔離の対象者に対しては、「綿密かつ頻繁な視察」「隔離の理由を除去するための相談助言その他適当と認められる措置」をとることとされている。さらに、同条3項

は、「隔離の必要がなくなったときは、直ちにその隔離を中止しなければならない」とされた。同条4項は、3カ月に1回以上定期的に、その受刑者の健康状態について、刑事施設の職員である医師の意見を聴かなければならないとしている。この意見は診察結果に基づいて述べられる必要がある。

10　隔離収容によらない新たな昼夜間独居拘禁

　新法の施行に伴って、隔離収容の対象者は激減した。新法による法的規制が厳格化されたためであることは明らかである。監獄法下においては数千人はいたと考えられる昼夜独居拘禁対象者のうち、隔離収容の対象とされた者は10分の1以下となった。ところが、新法下では、警備度による制限区分4種を利用した、隔離収容でない昼夜独居拘禁という処遇が新法の下で広範に行われ、実態として昼夜独居とされている者の数はほとんど減少していないことが明らかとなってきた。
　このような処遇の対象とされた者は、期間の制限と更新の手続もなく、訓令に基づく視察や相談助言の対象ともされない。法的な不服申立ても「隔離の処分の対象とはしていない」という理由で却下されている。一定期間ごとの医師の診察も実施されない。このような処遇のやり方は法の定めた保障の範囲外に、従来の昼夜独居と同様の処遇を、下位法令段階で脱法的に作り出しているといわざるをえない。このような扱いは速やかに改め、隔離の要件を満たさない者は集団処遇に戻すべきである。
　このような脱法的な昼夜独居の適法性を争う裁判は、近い将来避けられないであろう。このような取扱いを不利益処分ではないと施設当局が考えている以上、行政訴訟は功を奏さないであろうから、国家賠償訴訟を考慮することとなろう。本節はこのような事件を念頭に置いて設問を設定した。このような事件の相談を受けられた方は、非常に重要な先例を残す裁判であることを自覚して、訴訟活動に取り組んでほしい。

11　最後に

　昼夜独居処遇は、新法の下でも隔離と制限区分4種と形を変えて、その実態は温存された。しかし、どのような受刑者にとっても、他の受刑者との人間的な接触は絶対に必要である。例外的な場合であっても、少人数の集団処遇は認め

て、完全な独居は行わないようにするべきである。仮に隔離収容を適用した場合でも、できるだけ短期に限り、早期に通常の処遇に戻す努力を行う、という方針が原則となるべきである。この点の矯正局の方針転換を、心から期待したい。

　私は、このような受刑者からの相談を受けた場合、まずは、本人の肉体的・精神的な健康のことを考え、通常の処遇に戻すことを目的とした交渉を行ってきた。独居拘禁の理由を明確にさせ、その点について、本人と相談して、一定の意思表明を行うことによって、独居拘禁の状態から通常の処遇に戻れたことも多い。ここで検討した国際人権基準に基づく法的な説得は、裁判を行う場合だけでなく、刑務所当局と交渉を行う場合にも、刑務官に対する説得のための有効な手段となることだろう。

【国際人権法の条文および一般的意見等】
(自由権規約)
7条　何人も、拷問又は残虐な、非人道的な若しくは品位を傷つける取り扱い又は刑罰を受けない。
10条1項　自由を奪われたすべての者は、人道的にかつ人間の固有の尊厳を尊重して、取り扱われる。
(自由権規約委員会一般的意見20)
6　委員会は、長期間の被拘禁者又は受刑者の独居拘禁も、7条によって禁止される行為にあたる場合があることを指摘する。(以下、省略)
(自由権規約委員会一般的意見21)
2　市民的及び政治的権利に関する国際規約10条1項は、締約国の法律と権威の下で自由を剥奪され、刑務所・病院、特に精神病院・拘置施設・矯正施設、又はそれ以外の場所で拘禁され、締約国の法律と権威の下で自由を剥奪されているいかなる者にも適用される。締約国はこの条文に規定された原理が、その管轄下にあり、被拘禁者が拘禁されている全ての施設で遵守されるよう確保すべきである。
3　10条1項は、締約国に対し、自由を奪われているため、特に弱い立場にある人々に対する積極的義務を課し、7条に含まれる拷問又は残虐な、非人道的な又は品位を傷つける取扱い、若しくは刑罰の禁止規定の補完をなすものである。このように自由を奪われている人々は、医学的・科学的実験を含む7条に違反する取扱いに服さなくてよいだけでなく、自由の剥奪から生ずる以外の苦しみや圧迫にも服する必要はない。このような人々の尊厳に対する尊重は、自由な人の尊厳に対するのと同一条件下で保障されなければならない。自由を剥奪された人々は、閉鎖された環境ゆえに避けられない条件

は別として、本規約に規定する全ての権利を享有する。
4 自由を奪われた全ての人々を人道的に、その尊厳に対する尊敬をもって扱うことは、基本的かつ普遍的かつ適用し得る原則である。それ故、この原則の適用は、少なくとも締約国で得られる物質的資源と関係しない。

（被拘禁者保護原則）
6 あらゆる形態の抑留又は拘禁の下にあるいかなる者は何人も、拷問又は残虐な、非人道的な若しくは品位を傷つける取扱い若しくは刑罰を受けない。いかなる状況も、拷問又は他の残虐な、非人道的な若しくは品位を傷つける取扱い若しくは刑罰を正当化するものとして援用することができない。

（被拘禁者取扱い最低規則）
32条1項 監禁又は減食による懲罰は、医務官が被拘禁者を診察し、かつ、書面によりその者がそれに耐えられることを証明した場合でない限り、決して科してはならない。

【参考裁判例】
①国際的な裁判例・先例
　自由権規約第1選択議定書による個人通報制度を用いて、独居拘禁に関連して、非人道的な取扱いが認められたケースをいくつか紹介する。
・ラロッサ対ウルグアイ事件（Larrosa v. Uruguay, Communication No.88/1981）
　「見解」において自由権規約委員会は、1カ月を超える独居拘禁は長期にわたるものであり、尊厳を尊重しつつ取り扱われるという被収容者の権利を侵害するものであるという判断を示している。このケースの場合、房に窓がなく、人工の光が24時間消されなかった。しかし、1カ月という期間も処遇の非人道性を判断するうえで重視されている。
・マレイス対マダガスカル事件（Marais v. Madagascar, Communication No.49/1979）
　マダガスカルの刑務所において、独居拘禁が繰り返し行われていたケースを規約7条、10条に違反するとした。このケースでは、マレイス氏は3年間の間にごく短い裁判への出頭2回を除いて独居拘禁とされた。
・エストレラ対ウルグアイ事件（Estrella v. Uruguay Communication No.74/1980）
　ウルグアイのリベルタード監獄における処遇が問題となった。このケースでは、2人で1つの狭い居房に1日23時間居房に収容され、非常に恣意的な理由で懲罰が科され、面会通信も制限されていたケースにおいて、規約10条1項と17条の違反を認定した。この見解を見て日本の監獄の状況を知るわれわれがひどく驚くことは、独房における房内での拘禁時間の長さ、恣意的な懲罰、面会、通信に対する干渉など、その状況が日本のそれに酷似していることである。確かに日本では射撃訓練こそないが、1日の運動時間は30分、それも毎日ではないこと、面会の相手方は親族に限定され、時間は1回30分が原則とされていることなど、よりひどい部分もある。

②国内裁判例

　厳正独居処分が争われた事例は多数に及んでいるが、その違法性を認めたものとしては鳥取刑務所での1883日に及ぶ独居拘禁が争われた鳥取地判昭60・3・25（判例集未登載）、徳島刑務所での2447日に及ぶ独居拘禁が争われた徳島地判1986・7・28（判時1224号110頁）などがある。しかし、このいずれの判決も高裁で破棄されている。前者が広島高松江支判昭61・12・24（判例集未登載）、後者は高松高判昭63・9・29（判時1295号71頁）である。

　また、120日間の昼夜間独居拘禁について、「原則として告知して、弁解あるいは反省の機会を与えるのが相当」と判断しつつ、裁量の範囲を逸脱した違法なものとまではいえない、とした例がある（東京地判平3・8・30判時1403号51頁）。さらに最近、13年間独居とされた旭川刑務所での例について、裁判所は違法性を認めなかった（旭川地判平11・4・13判時1729号93頁）。

【参考文献】
・海渡雄一編『監獄と人権』（明石書店、1995年）
・北村泰三『国際人権と刑事拘禁』（日本評論社、1996年）
・刑事立法研究会編『入門・監獄改革』（日本評論社、1996年）
・ピナル・リフォーム・インターナショナル『刑事施設と国際人権』（日本評論社、1996年）
・菊田幸一編『検証・プリズナーの世界』（明石書店、1997年）
・アムネスティ・インターナショナル日本支部編『拷問等禁止条約』（現代人文社、2000年）
・アムネスティ・インターナショナル日本編『拷問廃止』（明石書店、2000年）
・菊田幸一『受刑者の法的権利』（三省堂、2001年）
・鴨下守孝『新行刑法要論〔改訂・増補版〕』（東京法令出版、2002年）
・菊田幸一『日本の刑務所』（岩波書店、2002年）
・北村泰三・山口直也『弁護のための国際人権法』（現代人文社、2002年）
・刑事立法研究会編『21世紀の刑事施設』（日本評論社、2003年）
・アンドリュー・コイル『国際準則からみた刑務所管理ハンドブック』（矯正協会、2004年）
・海渡雄一編『監獄と人権2』（明石書店、2004年）
・刑事立法研究会編『刑務所改革のゆくえ―監獄法改正をめぐって』（現代人文社、2005年）
・菊田幸一・海渡雄一『刑務所改革』（日本評論社、2007年）

　　　　　　　　　　　　　　　　　　　　　　　　海渡雄一（第二東京弁護士会）

入管収容中の処遇

> 入国者収容所東日本入国管理センターに収容されている外国人Aから、収容中に週2回、1回あたり15分程度しか戸外で運動ができず、ストレスが限界に達して、食事も喉を通らないという訴えを受けた。
> この場合に、弁護士としてどのような措置をとるべきか。また、それが認められなかった場合には、どのような対応をすべきか。

1 まず、入国者収容所東日本入国管理センター所長に対し、現行の処遇が、自由権規約10条、同趣旨の被拘禁者保護原則1、被拘禁者取扱い最低規則21条、ならびに入管法61条の7第6項の委任を受けて設けられた被収容者処遇規則28条1項に違反するとして、是正措置を求めるべきである。
2 上記の是正措置がとられない場合には、国家賠償請求訴訟を提起すべきである。ただし、相互主義（国賠法6条）により、国賠法が適用されない可能性があることに留意する必要がある。

● 解説

1 入管法および被収容者処遇規則の定め

出入国管理及び難民認定法（以下、「入管法」）61条の7第1項は「入国者収容所又は収容場に収容されている者（以下「被収容者」という。）には、入国者収容所又は収容場の保安上支障がない範囲内においてできる限りの自由が与えられなければならない」とし、また同条6項は「前各項に規定するものを除く外、被収容者の処遇に関し必要な事項は、法務省令で定める」としている。

この6項を受けて、全45条からなる被収容者処遇規則（昭和58年11月10日法務省令第59号）が設けられ、入国者収容所または収容場（以下、収容所等）における被収容者の処遇に関する定めが置かれている。ここでいう「入国者収容所」とは、法務省設置法（平成11年法律第193号）13条に定める入国者収容所のこ

とであり（入管法 2 条15号）、茨城県牛久市にある「入国者収容所東日本入国管理センター」、大阪府茨木市にある「入国者収容所西日本入国管理センター」、長崎県大村市にある「入国者収容所大村入国管理センター」の全国に 3 カ所がある。また、「収容場」とは、各地方入管に設けられた収容のための施設である（入管法 2 条16号、同法61条の 6 ）。

　そして、運動に関して、被収容者処遇規則28条は「所長等は、被収容者に毎日戸外の適当な場所で運動する機会を与えなければならない。ただし、荒天のとき又は収容所等の保安上若しくは衛生上支障があると認めるときは、この限りでない」との規定を置いている。ここでの「所長等」とは、入国者収容所における入国者収容所長と収容場における地方入国管理局長の総称である（被収容者処遇規則 2 条）。

　しかし、各地方入管の収容場や入国者収容所では、施設や人員体制の不備を理由として、毎日の運動を実施しないところもある。このような措置は、国際人権法を持ち出すまでもなく、被収容者処遇規則28条違反であることは明らかであるが、以下、国際法の観点からもその違法性を裏づけていく。

2　自由権規約10条 1 項および被拘禁者保護原則 1

　自由権規約10条 1 項は「自由を奪われたすべての者は、人道的にかつ人間の固有の尊厳を尊重して、取り扱われる」ものと規定し、国連の「あらゆる形態の抑留又は拘禁の下にあるすべての者の保護のための諸原則（被拘禁者保護原則）」 1 も「あらゆる形態の抑留又は拘禁の下にあるすべての者は、人道的な方法でかつ人間の固有の尊厳を尊重して、取り扱われなければならない」と定めている。

　また、自由権規約委員会による一般的意見21は、「第10条第 1 項は、刑務所・病院、特に精神病院・拘置施設・矯正施設、又はそれ以外の場所で拘禁され、締約国の法律と権威の下で自由を剥奪されているいかなる者にも適用される。締約国はこの条文に規定された原理が、その管轄下にあり、被拘禁者が拘禁されているすべての施設で遵守されるよう確保すべきである」（ 2 項）、「第10条第 1 項は、締約国に対し、自由を奪われているため、特に弱い立場にある人々に対する積極的義務を課し、第 7 条に含まれる拷問又は残虐な、非人道的な又は品位を傷つける取扱い、若しくは刑罰の禁止規定の補完をなすものである。このように、自由を奪われている人々は、医学的・科学的実験を含む第 7 条に違

反する取扱いに服さなくてよいだけでなく、自由の剥奪から生ずる以外の苦しみや圧迫にも服する必要はない。このような人々の尊厳に対する尊重は、自由な人の尊厳に対するのと同一条件下で保障されなければならない。自由を剥奪された人々は、閉鎖された環境ゆえに避けえない条件は別として、本規約に規定するすべての権利を享有する」（3項）、「自由を奪われたすべての人々を人道的に、その尊厳に対する尊重をもって扱うことは、基本的かつ普遍的かつ適用し得る原則である。それ故、この原則の適用は、少なくとも締約国で得られる物質的資源と関係しない」（4項）と定めている。

戸外運動は、「人の精神的肉体的健康の保持の上で不可欠な営みのひとつであることは論をまたない」（徳島地判昭61・7・28判時1224号110頁）ものである。

国際的なNGOであるピナル・リフォーム・インターナショナル（PRI）による『刑事施設と国際人権――国連処遇基準実施ハンドブック』（日本評論社、1996年）でも、「最低基準規則は、すべての被収容者について屋外にいる時間を確保することの重要性を認めている。さらに、若年の被収容者はこの点についてのニーズがとりわけ高いことを認めている。それは、一方において、若年者は身体的に発達途上にあり、他方において、運動はその者たちが鬱憤を晴らしたり、過度の精神的、肉体的エネルギーを発散させるのに重要な方法であるからである。身体拘束に伴う制限が若年者にとってはとくに大きな負担になるということが、合意されている」（同書176頁123パラグラフ）、「実際、若年者および高齢者のための刑事施設の多くで、施設収容によるストレスを軽減するうえで、運動やスポーツがもつ重要な役割が認識されている。スポーツやレクリエーション施設に関する用意が、刑事施設に過大な負担をもたらす必然性はない」（同124パラグラフ）として、戸外運動固有の必要性を認めている。

したがって、自由を奪われた者に適切な戸外運動の機会を保障することは、その固有の尊厳を尊重して取り扱うために、必要不可欠である。

3　被拘禁者取扱い最低規則21条

上記のことを踏まえ、「被拘禁者取扱いのための標準最低規則（被拘禁者取扱い最低規則）」（1957年7月31日国連経済社会理事会決議663C）21条1項は、「戸外の作業に従事しないすべての被拘禁者には、天候が許す限り、毎日少なくとも1時間、戸外で適当な運動をさせなければならない」と定めている。

この点、国は訴訟で同規則は法的拘束力がないと主張し、その主張を容れる判決も存在するが、そのような見解は誤りである。

　被拘禁者取扱い最低規則は、1957年の国連経済社会理事会で採択されて成立した。国連は、この規則の効果的な実施のための手続を作成する（1984年の経済社会理事会で採択）などとして規則の効果的な実施に努力してきており、被拘禁者取扱い最低規則の内容の少なくとも中核的部分は国際慣習法として認められている。

　また、自由権規約委員会による一般的意見21は、「締約国はその報告書において、国際連合の基準を拘禁者の取扱いに対しどの程度適用しているのかを示すよう求められている。即ち、『被拘禁者取扱い最低規則（1957年）』……等である」としており、同一般的意見により、同規則は自由権規約の解釈の具体的基準となっていると解される。

　なお、被拘禁者取扱い最低規則成立当時の1957年の行刑思想とその後の進展した行刑思想とにはかなりの違いが出てきており、地域レベルでは1973年のヨーロッパ被拘禁者取扱い最低規則（1987年改正により「ヨーロッパ刑事施設規則」となった）が国連の被拘禁者取扱い最低規則を一部修正するものとして、ヨーロッパだけでなく日本を含めて世界的な影響力を行使した。国連自体においても、自由権規約を受けた、拷問等禁止条約、被拘禁者保護原則（1988年）、法執行官のための行動綱領（1978年）など、刑事施設に関する準則が数多く制定された。これらの諸基準のなかには、もはや被拘禁者取扱い最低規則を超えているものもある。

　つまり、被拘禁者取扱い最低規則の内容はもともと拘禁中の処遇などの最低基準の要素を示すものであったところ、今日の国際人権水準では、最低基準はさらに同規則を超えたところにあるといえる。被拘禁者取扱い最低規則すら守られない状態が違法であることは明らかである。

4　相互主義について

　外国人を原告として国家賠償請求を行う場合には、国家賠償法（以下、「国賠法」）6条が定める相互保証に注意をする必要がある。

　国賠法6条は「この法律は、外国人が被害者である場合には、相互の保証があるときに限り、これを適用する」と定めている。つまり、当該外国人の本国にお

いて、日本人が当該外国の公務員により被害を受けたときにその国で国家賠償を受けられるときにかぎって国賠法の適用があるというのである。

2001年3月20日、人種差別撤廃委員会による日本政府の第1回・第2回報告に対する最終所見で、「委員会は、国家賠償法が本条約（＝人種差別撤廃条約―筆者注）第6条に反し、相互主義に基づいてのみ救済を提供することに懸念を有する」（20項）とした。

その他国籍法6条は、自由権規約2条3項(c)や、拷問等禁止条約14条違反と位置づけることも可能である。詳細は、東京地判平13・6・26（判タ1124号167頁）における原告の主張を参照されたい。

【国際人権法の条文および一般的意見】
（自由権規約）
10条1項　自由を奪われたすべての者は、人道的にかつ人間の固有の尊厳を尊重して、取り扱われる。
（自由権規約委員会による一般的意見21）
2　第10条第1項は、刑務所・病院、特に精神病院・拘置施設・矯正施設、又はそれ以外の場所で拘禁され、締約国の法律と権威の下で自由を剥奪されているいかなる者にも適用される。締約国はこの条文に規定された原理が、その管轄下にあり、被拘禁者が拘禁されているすべての施設で遵守されるよう確保すべきである。
3　第10条第1項は、締約国に対し、自由を奪われているため、特に弱い立場にある人々に対する積極的義務を課し、第7条に含まれる拷問又は残虐な、非人道的な又は品位を傷つける取扱い、若しくは刑罰の禁止規定の補完をなすものである。このように、自由を奪われている人々は、医学的・科学的実験を含む第7条に違反する取扱いに服さなくてよいだけでなく、自由の剥奪から生ずる以外の苦しみや圧迫にも服する必要はない。このような人々の尊厳に対する尊重は、自由な人の尊厳に対するのと同一条件下で保障されなければならない。自由を剥奪された人々は、閉鎖された環境ゆえに避けえない条件は別として、本規約に規定するすべての権利を享有する。
4　自由を奪われたすべての人々を人道的に、その尊厳に対する尊重をもって扱うことは、基本的かつ普遍的かつ適用し得る原則である。それ故、この原則の適用は、少なくとも締約国で得られる物質的資源と関係しない。この原則は、人種、皮膚の色、性、言語、宗教、政治的意見、その他の意見、国民的若しくは社会的出身、財産、出生、又は他の地位等のいかなる理由による差別もなしに適用されなければならない。

【参考裁判例】
①国際的な裁判例・先例
　運動および屋外活動に関する被収容者の権利を確認する国際的な裁判例・先例として、次のものがある（前掲『刑事施設と国際人権』176頁）。
・1992年7月27日、自由権規約委員会は、私的な衛生に関する時間として1日5分間に制限することは人道的で尊厳を持った処遇を受ける被収容者の権利を侵害していると判断した（410/1990 325-332 Parkanyi v. Hungary）。
・コンジャーヨ事件において、ジンバブエの最高裁判所（引用書ではエチオピアとなっているが間違いだと思われる——筆者注）は、1991年1月24日と2月21日に運動および屋外活動を行う被収容者の権利を認めた。
②国内裁判例
・徳島地判昭61・7・28判時1124号110頁
　保護房拘禁および軽屏禁執行に伴い155日間連続して戸外の運動を停止した措置について、受刑者が国家賠償請求をした事件について、戸外運動は「人の精神的肉体的健康の保持の上で不可欠な営みのひとつであることは論をまたない」と判示した。同事件の控訴審判決である高松高判昭63・9・29判時1295号71頁も、戸外運動停止の措置については一審の判断を維持した。
・東京地判平14・12・20判例集未登載
　戸外運動施設のない東京入国管理局第2庁舎内の収容場（平成15年2月に移転のため閉鎖）で、112日間にわたり収容され、その間一度も運動の機会を与えられなかった被収容者につき、「荒天でなければ、居室内の閉塞的な空間から戸外の開放的な空間に出て、陽光を浴び、外気に触れつつ、適度の運動をすることは、病気その他の理由によりこれを避けるべき特段の事情がない限り、人の精神的、肉体的健康を保持する上で欠かせないものというべきであり、被収容者処遇規則28条も、このような観点から被収容者に戸外での運動の機会を保障する趣旨と解される。そうすると、被収容者に対し長期間にわたり戸外運動の機会を与えないことは、上記特段の事情がある場合のほか、荒天のとき又は収容所等の保安上若しくは衛生上支障があるとき（同条但書）や、同条が戸外運動の機会を保障した上記趣旨に適うだけの代替措置がとられた場合を除き、同条に反するものであるのみならず、違法性を有するものというべきである」として、国の賠償責任を認め、20万円の支払いを命じた。
・東京高判平15・8・27判例集未登載
　上記東京地判平14・12・20の控訴審判決である。
　「ストレッチ体操等の軽い運動をすることについては特に制限しなかったこと、居室内への採光は十分可能である上、適宜居室窓を開けて外気を採り入れることができたこと、各居室にはテレビが設置されており、午前9時（点呼終了後）から午後9時まで視聴が

可能であり、居室内の配慮を行っていたこと、さらに、被収容者から体調の変化や体調不良等、健康保持に関する申出がある場合には、医師又は看護師の診察を受けさせ、あるいは外部病院へ連行することなど、被収容者の健康管理には配慮がなされていたこと、被控訴人は戸外運動の機会が付与されなかったということで病気に罹患したり体調不良となったなどの事実が伺われないこと」などの諸般の事実を考慮して、処遇規則28条に反する違法なものとまではいえないと判断し、一審判決を取り消した。また、とくに理由を示すことなく、「被拘禁者処遇最低基準規則21条違反との点については、同規則は我が国において法的拘束力を有するものではなく、これを根拠とすることはできない」と判示した。

　この判決に対しては、上告受理申立を行ったが、2005年1月27日、最高裁は上告審として受理しないと決定し、敗訴判決が確定した。

【参考文献等】

　入管収容所等における処遇全般については、下記文献・ウェブサイトが参考になる。
- 入管問題調査会編『密室の人権侵害──入国管理局収容施設の実態』(現代人文社、1996年)
- 入管問題調査会編「入管収容施設──スウェーデン、オーストリア、連合王国、そして日本」(現代人文社、2001年)
- 入管問題調査会ウェブサイト<http://www2.odn.ne.jp/nyukan/>
- また、北川れん子前衆議院議員が在職中に積極的に質問主意書を提出し、入管収容の実態を調査している。ウェブサイト<http://www.shugiin.go.jp/itdb_shitsumon.nsf/html/shitsumon/155041.htm>などでその結果を見ることができる。

　その他、本文中に掲げたものを参照されたい。

児玉晃一(東京弁護士会)

入管収容中の暴行

> 　A弁護士が、B地方入国管理局収容場において収容中の外国人Cと、同収容場面会室にて面会した際、「3日前に入国警備官Dから違反調査を受けた際に、収容される前に同居していた者の氏名や在留資格の有無を聞かれ、『言いたくない』と拒んだところ、怒った入国警備官から『馬鹿野郎！　素直に言え！』などと延々と暴言を吐かれたうえ、最後に顔面を殴られた。そのため、口の中が切れ、頬にあざができた」との訴えを受けた。見たところ、Cの頬には紫色のあざがあった。
> 　この場合にA弁護士はどう対応すべきか。とくに、Cのあざの色がすでに薄くなっていて間もなく消えてしまいそうであった場合はどうか。

1　まず、Cについて必要な治療、とくに外部の病院における十分な治療を受けさせるように、B地方入国管理局長等に対して求める。その根拠としては関連する法務省令のほか、被拘禁者取扱い最低規則などを引用する。
2　入国警備官Dにつき、傷害罪で告訴あるいは告発する。その際、拷問等禁止条約4条、5条に基づき処罰が確保されるべきことを主張する。
3　Cが受けた損害につき、国家賠償請求訴訟を提起し、その際に自由権規約7条、10条等を引用した主張を行う。証拠を保全・収集するため、証拠保全等の必要な手続を行う。
4　必要に応じて領事通報を行い、本国領事館と連携しながら入管と日本国政府に対して抗議を行う。

●解説

1　入管における収容とは？

　出入国管理に関する手続全般については、出入国管理及び難民認定法(以下、「入管法」)が定めている。この中では、日本から退去強制に付されるべき事由(退

去強制事由）があると疑うに足りる外国人について、収容令書（以下、「収令」）によって最長60日間の収容を行うことができる旨が定められている（入管法39条以下）。また、入管法では、退去強制令書（以下、「退令」）が発付された外国人について、退去強制（いわゆる強制送還）が実施できるときまでは無制限に収容できる旨が定められている（入管法52条5項「送還可能のときまで」）。

そして、この収令または退令によって外国人を収容する場合の収容場所は、「入国者収容所、収容場その他法務大臣（等）が指定する場所」と定められている（入管法41条、52条5項）。本件では、まだ違反調査中で退令までは出されていないようであり、Cは収令に基づいてB地方入国管理局収容場に収容されている状態にあると認められる。

なお、2007年3月現在、全国の主要な地方入国管理局には収容場が設置されており、さらに主として長期収容者用に入国者収容所が3カ所（東日本・西日本・大村の各入国管理センター）設置されている。また、入管施設に収容されている者に対する処遇については、法務省令である「被収容者処遇規則」で定められている。

2　入管施設における暴行事件

(1)　入管施設の特殊性

日本では、名古屋刑務所での暴行事件発覚をきっかけとして、2003年以降矯正施設全般の改革がある程度実施されることとなった。しかし、その改革議論も、入管の収容施設についてはまったく触れていない。入管施設においては、これまでに多数の暴行事件の発生が報告されているが、根本的な改革は行われておらず、国際人権基準を満たしているとはいえない状態が続く。

入管施設における暴行事件については、①逮捕・勾留などと違って身体拘束自体が司法的チェックのないままに行われているにもかかわらず、身体拘束期間が長期間で、なおかつ処遇規定が十分に整備されていない、②収容施設という密室内で事件が発生するために事案解明に困難が存する、③言葉や制度、生活習慣等のギャップに基づくトラブルが発生しやすい土壌がある（被害者から依頼を受けた弁護士との間でも、このギャップについては同様の問題がある）、④被害者本人や目撃者がそのまま本国に送還（退去強制）されてしまう場合が多いために事件が表面化しにくい、といった特徴がある。

これらの特徴を十分に意識し、国際人権基準と照合しながら弁護活動を行うことが望まれる。

(2) 本件の行為の評価と弁護士のなすべき対応

本件の入国警備官Ｄの行為は、被収容者Ｃの言い分どおりであれば、日本の国内法上も明らかに傷害罪に該当する。そこで、Ｃの代理人として告訴するか（刑事訴訟法230条）、あるいは弁護士自身が第三者として告発することが考えられる（同法239条）。なお、入国警備官は特別公務員暴行陵虐罪（刑法195条）の「裁判、検察若しくは警察の職務を行う者又はこれらの職務を補助する者」に該当しないとする解釈が一般的であるが（大塚仁ほか編『大コンメンタール刑法第７巻』〔青林書院、1991年〕）、議論の余地はあろう。

民事上は、入国警備官Ｄの行為につき、国家賠償請求を行うことになろう（国家賠償法１条）。この場合のＤの行為の違法原因は、国際人権法にも求めることができる。自由権規約７条、10条、拷問等禁止条約１条、４条、国連被拘禁者人権原則６、世界人権宣言５条等が、違法原因として主張できよう。とくに、本件でＤは、Ｃが知っていると思われる事実の供述を強要する過程で怒鳴りつけ、暴行を行っているため、「拷問」に該当する可能性がある。この観点からは拷問等禁止条約違反の検討が重要である。

これとは別に、Ｃに対して外部病院での受診を含めた十分な治療を行うことを、Ｂ地方入国管理局長に請求するべきである。その根拠としては、被収容者処遇規則30条とともに、国際基準である「被拘禁者取扱いのための標準最低規則（被拘禁者取扱い最低規則）」22条以下、「あらゆる形態の抑留または拘禁の下にあるすべての者の保護のための諸原則（被拘禁者保護原則）」原則24以下が挙げられる。なお、必要な治療が実施されない事実も、国賠請求において独立の請求原因になりうる。

さらに、上記国賠請求にあたって証拠を確保するためには、証拠保全手続を行うのが有用と思われる（民事訴訟法234条）。保全対象として検討すべき証拠は、
① 事件発生前のＣの健康状態（被収容者処遇規則４条によって記録が義務づけられている被収容者名簿や被収容者診療簿等、同規則８条による健康診断の結果等）
② 傷害の結果（Ｃのあざおよび口の中の傷痕の写真撮影等）
③ 事件後の診療経過（被収容者診療簿、付属するレントゲン写真、検査結果等）

④行為態様(収容場内の固定監視カメラの映像を収めたビデオテープ、C（原告）本人尋問、目撃者の証人尋問。近時、入管では制圧等の場面をハンディビデオカメラにて撮影することが内部的に指導されているようなので、そのビデオテープも保全すべき証拠となろう）

など多岐にわたる。これらに関しては、情報公開請求による入手も検討すべきであろう。

また、証拠保全とは別に、入管の内外の医師の診断を受けた事実がある場合には、Cから委任状を得て当該医師に対して診断書の交付請求をする（医師法19条2項）。

これらとは別に、そもそも違法な処遇が行われている収容施設への収容自体からの解放をめざすという観点も忘れてはならない。収令または退令の取消訴訟と並行して執行停止の申立を行うことが検討されるべきであろう（行政事件訴訟法25条。なお、2005年4月1日施行の改正法で執行停止の要件は従来より緩和されている）。また、さらに、同時に仮放免（入管法54条）の申請も行うべきである。

以上の活動を行うにあたっては、Cの国籍国の在日領事館に協力を求めることが有用な場合も多い。領事の重要な職務のひとつが自国民の保護であり、この保護業務を実現する前提として、たとえば領事関係に関するウィーン条約36条1項(b)では、領事通報制度を定めている（なお、日本との間で二国間の領事条約を締結している国もある）。Cの国籍国の領事館の協力が得られるようであれば、連携してCの処遇改善や国賠訴訟等の証拠確保などを行うようにしたい。他方で、Cが難民該当性を主張している人物であるような場合には、むしろ本国の保護を求めることは妥当ではないと考えるべきであるので、領事通報や領事館との協力については消極的とならざるをえない。

3　関連する国際人権法

(1)　暴行・傷害行為、暴言に関して

「何人も、拷問又は残虐な、非人道的な若しくは品位を傷つける取扱い若しくは刑罰を受けない」ことについては、自由権規約7条、世界人権宣言5条、被拘禁者保護原則6および「在住する国の国民でない個人の人権に関する宣言（外国人の人権宣言）」6条が、それぞれ定めている。また、自由権規約10条1項は、

「自由を奪われたすべての者は、人道的にかつ人間の固有の尊厳を尊重して、取り扱われる」とする（なお、これらの適用につき、「被拘禁者取扱いのための基本原則」5条も参照されたい）。少なくとも、本件の暴行行為は、「非人道的な若しくは品位を傷つける取扱い」であって、「人間の固有の尊厳」を侵害する取扱いであると評価できよう。

　また、本件で公務員である入国警備官が「馬鹿野郎！　素直に言え！」などと延々と暴言を吐いた点は、自由権規約委員会の一般的意見20が「第7条における禁止は……被害者に対し精神的苦痛をもたらす行為にも及ぶ」（44項）と述べていることに鑑みれば、本来独立した違法事由になると考えるべきであろう。

(2)　暴行、傷害行為および暴言が供述獲得目的で行われていることに関して

　拷問等禁止条約1条は、「拷問」を「人に重い苦痛を故意に与える行為であって、本人……から情報若しくは自白を得ること、本人若しくは第三者が行ったか若しくはその疑いがある行為について本人を罰すること、……を目的として……、かつ、公務員その他の公的資格で行動する者により……行われるものをいう」と定義している。本件では、本人から情報を得る目的で公務員が重い苦痛を与える行為である暴行行為をなしたものといえ、「拷問」に該当すると考えられる。よって、拷問等禁止条約に違反し、同時に前記の自由権規約7条、世界人権宣言5条、被拘禁者保護原則6および外国人の人権宣言6条にも違反するというべきである。なお、「自己に不利益な供述」を強要されているという点に着目すれば、自由権規約14条3項(g)の適用または準用も検討すべきであろう。

(3)　収容自体に関して

　暴言、暴行行為が横行する非人道的な環境下で収容されていると評価すれば、収容の継続自体が自由権規約7条、10条1項に反すると主張する余地もあろう。なお、日本の入管収容の問題に直接言及する第4回日本政府報告書に対する自由権規約委員会最終所見は、収容自体の執行停止等を求める際に引用する価値があると思われる。

　なお、本書前節の「入管処遇中の処遇」も本件に関連するので参照されたい。

【国際人権法の条文および一般的意見等】
（世界人権宣言）
5条　何人も、拷問又は残虐な、非人道的な若しくは屈辱的な取扱若しくは刑罰を受ける

ことはない。
(自由権規約)
7条　何人も、拷問又は残虐な、非人道的な若しくは品位を傷つける取扱い若しくは刑罰を受けない。特に、何人も、その自由な同意なしに医学的又は科学的実験を受けない。

10条1項　自由を奪われたすべての者は、人道的にかつ人間の固有の尊厳を尊重して、取り扱われる。

14条3項(g)　自己に不利益な供述又は有罪の自白を強要されないこと。

(自由権規約委員会一般的意見20)
5　第7条における禁止は身体的苦痛をもたらす行為だけでなく、被害者に対し精神的苦痛をもたらす行為にも及ぶ。

(自由権規約委員会一般的意見21)
2　第10条第1項は、刑務所・病院、特に精神病院・拘置施設・矯正施設、又はそれ以外の場所で拘禁され、締約国の法律と権威の下で自由を剥奪されているいかなる者にも適用される。締約国はこの条文に規定された原理が、その管轄下にあり、被拘禁者が拘禁されているすべての施設で遵守されるよう確保すべきである。

5　締約国はその報告書において、国際連合の基準を被拘禁者の取扱いに対しどの程度適用しているのかを示すよう求められている。即ち、「被拘禁者取扱い最低規則(1957年)」、「あらゆる形態の拘留又は拘禁の下にあるすべての者の保護のための諸原則(被拘禁者保護原則、1988年)」、「法執行官のための行動綱領(1978年)」、「拷問及びその他の残虐な、非人道的な若しくは品位を傷つける取扱い、又は刑罰から被拘禁者及び被抑留者を保護することについての保健職員、特に医師の役割に関係のある医学倫理の原則(1982年)」等である。

(第4回日本政府報告書に対する自由権規約委員会の最終所見)
　委員会は、収容の厳しい条件、手錠の使用及び隔離室での収容を含む、出入国管理手続中に収容されている者に対する暴力及びセクシュアル・ハラスメントに関する申立てについて懸念を有する。入国者収容所の被収容者は、6ヶ月間まで、また、いくつかの事例においては2年間もそこに収容される可能性がある。委員会は、締約国が収容所の状況について再調査し、必要な場合には、その状況を規約第7条及び第9条に合致させるための措置をとることを勧告する。

(拷問等禁止条約)
1条1項　この条約の適用上、「拷問」とは、身体的なものであるか精神的なものであるかを問わず人に重い苦痛を故意に与える行為であって、本人若しくは第三者から情報若しくは自白を得ること、本人若しくは第三者が行ったか若しくはその疑いがある行為について本人を罰すること、本人若しくは第三者を脅迫し若しくは強要することその他これらに類することを目的として又は何らかの差別に基づく理由によって、かつ、公務員そ

他の公的資格で行動する者により又はその扇動により若しくはその同意若しくは黙認の下に行われるものをいう。「拷問」には、合法的な制裁の限りで苦痛が生ずること又は合法的な制裁に固有の若しくは付随する苦痛を与えることを含まない。

4条 締約国は、拷問に当たるすべての行為を自国の刑法上の犯罪とすることを確保する。拷問の未遂についても同様とし、拷問の共謀又は拷問への加担に当たる行為についても同様とする。

締約国は、1の犯罪について、その重大性を考慮した適当な刑罰を科することができるようにする。

(被拘禁者保護原則)

原則6 あらゆる形態の抑留又は拘禁の下にある者は何人も、拷問又は残虐な、非人道的な若しくは品位を傷つける取扱い若しくは刑罰を受けない。いかなる状況も、拷問又は他の残虐な、非人道的な若しくは品位を傷つける取扱い若しくは刑罰を正当化するものとして援用することができない。

(被拘禁者取扱い最低規則)

22条2項 専門医の治療を必要とする病気の被拘禁者は、専門施設又は民間の病院へ移送されなければならない。病院の設備が施設に設けられている場合には、その器具、備品及び薬用品は、病気の被拘禁者の看護及び治療に適当なものでなければならず、かつ、適当な訓練を受けた職員がいなければならない。

54条1項 施設の職員は、被拘禁者との関係において、自己防衛として又は逃亡の企ての場合若しくは法令に基づく命令に対する積極的若しくは受動的な抵抗の場合に行うときを除いては、実力を行使してはならない。実力に訴える職員は、厳格に必要な限度を越えて用いてはならず、かつ、事件を施設の長に直ちに報告しなければならない。

(外国人の人権宣言)

6条 いかなる外国人も、拷問又は残虐な、非人道的な若しくは品位を傷つける取扱い若しくは刑罰を受けない。(以下、省略)

(被拘禁者取扱いのための基本原則)

5条 施設収容の事実によって実証的に必要とされる制限を除いて、すべての被拘禁者は、世界人権宣言並びに、当該国家が当事国である場合には、経済的、社会的及び文化的権利に関する国際規約、市民的及び政治的権利に関する国際規約並びにその選択議定書にも定められた人権及び基本的自由、並びに、他の国際連合の文書に規定されている他の権利を保持しなければならない。

【参考裁判例】

①国際的な裁判例・先例
・アイルランド対英国事件の1978年1月18日欧州人権裁判所判決、Tyrer対英国事件の

同年4月25日同裁判所判決、Soering対英国事件の1989年7月7日同裁判所判決等

欧州人権裁判所の裁判例は、暴行行為等を評価するにあたり、刑罰については、その性質、文脈、執行方法、手順、期間、肉体的精神的効果を考慮することとし、あるいは場合により性別、年齢、健康状態などが考慮されるとしている。

②国内裁判例

・大阪高判平11・12・15判例集未登載

　1994年6月、大阪入管の収容場で、入国警備官が「制圧」行為の過程で被収容者である韓国人男性に右鼓室内出血、右耳介損傷等の傷害を負わせた事件。国賠請求一部認容。

・東京地判平13・6・26判タ1124号167頁、東京高決平15・2・13

　イラン人男性が東京入管収容中に入国警備官から暴行を受けて腰椎圧迫骨折に至ったなどとして国家賠償請求を提起した事件。第一審では、違法な長期隔離収容と違法な戒具（手錠）使用部分のみを認めて国に100万円の支払を命じたが、控訴審では双方の控訴を棄却した。

【参考文献】

・入管問題調査会編『密室の人権侵害―入国管理局収容施設の実態』（現代人文社、1996年）
・入管問題調査会編『入管収容施設―スウェーデン、オーストリア、連合王国、そして日本』（現代人文社、2001年）

　　　　　　　　　　　　　　　　　　　　　　　　　関 聡介（東京弁護士会）

拘禁

受刑者と民事訴訟の代理人弁護士との接見制限

　Ａ弁護士は、Ｂ刑務所の受刑者Ｃから刑務所内で、保安課に所属する刑務官から日常的に暴行にあっていると相談を受け、国を被告とする国家賠償請求訴訟を提起した。その訴訟でのＣの本人尋問のための打合せを行うために、刑務所に赴いて１時間の接見を希望したところ、接見時間を30分に制限されるとともに、刑務官の立会いまでつけられてしまった。その刑務官は、受刑者Ｃに暴行をしている当の本人である。
　この場合に、Ａ弁護士はどのような措置をとるべきか。また、それが認められなかった場合には、どのような対応をすべきか。

1　まず、Ａ弁護士としては、刑務所長に対し、自由権規約14条１項で保障されている権利の行使として、暴行加害者である刑務官の立会いを外してもらうように要求するとともに、30分以上の接見時間を要求すべきである。
2　その要求が認められなかった場合には、Ａ弁護士と受刑者Ｃは、Ｂ刑務所を所管する国を被告として、接見拒否を理由とする国家賠償請求訴訟を提起し、その根拠として、自由権規約14条１項を主張すべきである。

●解説

1　受刑者処遇法および同法施行規則による接見制限

　2005年５月に成立し、2006年５月から施行されている「刑事施設及び受刑者の処遇等に関する法律」(以下、「受刑者処遇法」。なお、2007年６月には、同法は未決拘禁者と死刑確定者の処遇部分を含めるかたちで改正され、「刑事収容施設及び被収容者等の処遇に関する法律」と名称も変更されることになっている)は、面会の相手方を受刑者の親族だけでなく(受刑者処遇法89条１項１号)、「受刑者の身分上、法律上又は業務上の重大な利害に係る用務の処理のため面会することが必要な者」(同項２号)と「面会により受刑者の改善更生に

160　拘禁

資すると認められる者」(同項3号)にも拡張し、これらの者から面会の申出があったときは刑事施設の長はこれを許可することになっている。

　面会の立会いについては、刑事施設の長は、「刑事施設の規律及び秩序の維持、受刑者の矯正処遇の適切な実施その他の理由により必要があると認める場合」には、職員を立ち会わせるか、録音・録画することができると規定している(受刑者処遇法90条本文)。ただし、「自己に対する刑事施設の長の措置その他自己が受けた処遇に関し調査を行う国又は地方公共団体の機関の職員」(同90条但書1号)または「自己に対する刑事施設の長の措置その他自己が受けた処遇に関し弁護士法第3条第1項に規定する職務を遂行する弁護士」(同2号)と面会する場合には、「刑事施設の規律及び秩序を害する結果を生ずるおそれがあると認めるべき特別の事情がある場合」を除いて、立会いや録音・録画が認められないことになっている。

　面会の時間についての具体的な制限については、受刑者処遇法92条1項は法務省令に委任しており、「刑事施設及び受刑者の処遇等に関する法律施行規則」(以下、「受刑者処遇規則」。平成18年5月23日法務省令第57号)は「受刑者の面会の時間について制限をするときは、その時間は、三十分を下回ってはならない。ただし、面会の申出の状況、面会の場所として指定する室の数その他の事情に照らしてやむを得ないと認めるときは、五分を下回らない範囲内で、三十分を下回る時間に制限することができる」と規定している(同66条)。

　B刑務所の措置は、刑務所長によって、「刑事施設の規律及び秩序を害する結果を生ずるおそれがあると認めるべき特別の事情がある」と認めて職員の立会いをさせるとともに、面会時間を30分に制限したものであり、受刑者処遇法や同規則に基づいて行われた行政処分である。

2　自由権規約の国内法としての直接的効力

　そこで、A弁護士に対して行われた行政処分の根拠法条である受刑者処遇法や同規則の上記の規定が、憲法の規定や自由権規約に違反して無効であると主張することが考えられる(憲法違反の主張については省略する)。その前提として、自由権規約が国内法としての直接的効力を有するか否か、その場合の国内法との効力の優劣が問題となる。

　ここでは、自由権規約は、国内法として直接的効力を有し、法律に優位する

効力を有するものと解しておくこととする（徳島地判平8・3・15〔判時1597号115頁〕はそのように認めている）。

3 自由権規約14条と代理人弁護士と受刑者との接見保障

　自由権規約14条が、受刑者と民事訴訟の代理人である弁護士との接見について何も触れていないことから、それが受刑者にも保障される権利か否か、その権利が受刑者と弁護士との接見についてまで及ぶか否かが問題となる。

　自由権規約14条の解釈に際しては、自由権規約委員会が示した見解、1988年12月9日に国連第43回総会決議で採択された国連被拘禁者保護原則および欧州人権裁判所において欧州人権条約6条1項に違反すると判断された判例が参考にされるべきである（高松高判平9・11・25〔判時1653号117頁〕は、自由権規約委員会の見解は解釈について参考にすべき事情であり、国連被拘禁者保護原則および欧州人権条約についての欧州人権裁判所の判断は、受刑者の裁判を受ける権利についてその内実を具体的に明らかにしている点において解釈の指針として考慮しうるとの画期的な判断を示している）。

　自由権規約委員会は、モラエル対フランス事件（Morael v. France）において、自由権規約14条1項における公正な審理の概念は、武器の平等、当事者対等の訴訟手続の遵守などを要求していると解釈すべきであるとの見解を示している（北村泰三『国際人権と刑事拘禁』〔日本評論社、1996年〕208頁以下参照）。

　国連被拘禁者保護原則18は、1項で拘禁または収監された者が自己の弁護士と交通し相談する権利を有すること、2項で拘禁または収監された者が自己の弁護士と相談するために充分な時間と便益を与えられなければならないこと、4項で拘禁または収監された者とその弁護士との接見は、法執行官によって監視されてもよいが、聞かれてはならないことを定めている。

　欧州人権条約6条1項1文は、「すべての者は、その民事上の権利及び義務の決定又は刑事上の罪の決定のため、法律で設置された、独立の、かつ、公平な裁判所による妥当な期間内に公正な公開審理を受ける権利を有する」と規定しており、自由権14条1項とほぼ同様の規定となっている。

　欧州人権裁判所におけるゴルダー対イギリス事件（Golder v. United Kingdom）における1975年2月21日判決において、欧州人権条約6条1項の権利には受刑者が民事裁判を起こすために弁護士と面接する権利を含むとの判

断が示されている（北村・前掲書236頁以下参照）。

　また、欧州人権裁判所におけるキャンベル・フェル対イギリス事件（Cambell and Fell v. United Kingdom）における1984年6月28日判決において、受刑者が民事裁判を起こすために弁護士と面接する際に刑務官が立ち会い、聴取することを条件とする措置は欧州人権条約6条1項に違反するとの判断が示されている（北村・前掲書240頁以下参照）。

　これらを解釈の参考ないし指針として考慮すれば、自由権規約14条1項は、その内容として武器平等ないし当事者対等の原則を保障し、受刑者が自己の民事事件の訴訟代理人である弁護士と接見する権利をも保障していると解すべきである（前掲・高松高裁判決はこれを認めている）。

　そうであるならば、その保障の趣旨を没却するような接見の制限をすることは、自由権規約14条1項に違反することになるので、受刑者が自己の民事事件の訴訟代理人である弁護士と接見する権利を不当に制限することを認めている受刑者処遇法90条、同法92条1項および受刑者処遇規則66条は、いずれも自由権規約14条1項に違反し無効であると主張すべきことになる。

　また、自由権規約14条1項の保障の趣旨を没却しないためには、当該事件の進捗状況および準備を必要とする打合せの内容から見て、具体的に30分以上の打合せ時間が必要と認められる場合には、相当と認められる範囲で時間制限を緩和した接見が認められるべきであるし、接見を必要とする打合せの内容が刑務所における処遇等の事実関係にわたり、刑務所職員の立会いがあって会話を聴取している状態では十分な打合せができないと認められる場合には、その範囲で刑務所職員の立会いなしでの接見が認められるべきである（前掲・高松高裁判決はこの点も認めている）。

　そこで、上述した受刑者処遇法90条、同法92条1項および受刑者処遇規則66条の規定が無効ではないと判断される場合に備えて、予備的主張として、30分以上の面会を認めず、刑務所職員の立会いなしの接見を認めなかった刑務所長の措置は、その裁量権の行使を逸脱ないしは濫用するもので違法であると主張すべきである。

4　わが国における裁判例の状況

　旧法下の事件であるが、徳島刑務所に在監している受刑者が、看守から暴行

を受けたなどとして国家賠償請求訴訟を提起中に、その訴訟代理人である弁護士との複数回の接見の申出に対して、一部を不許可にし、許可する場合についても監獄法施行規則に従って接見時間を30分以内と制限し、刑務官の立会いを条件とした措置に対して、受刑者と弁護士が原告となって、国家賠償請求訴訟を提起した事案につき、前掲の徳島地裁判決は、刑務官の立会いについては適法としながらも、徳島刑務所長が接見に30分以内という条件を付したことは許された裁量権を逸脱あるいは濫用したとして慰謝料の請求を一部認容した。

控訴審である前掲の高松高裁判決は、接見に30分以内という条件を付したこと、および刑務所職員を立ち会わせた刑務所長の処分は、裁量権の逸脱ないしは濫用にあたるとして慰謝料の請求を一部認容した（第一審判決よりも慰謝料額を増額した）。

その上告審である最高裁第1小法廷判決は、まず、監獄法、監獄法施行規則が憲法13条および32条に違反しないことは、最大判昭45・9・1（未決拘禁者に対する図書閲読の制限）、最大判昭58・6・22（よど号事件に関する東京拘置所における新聞検閲事件）等の趣旨に徴して明らかであるとするとともに、「監獄法、監獄法施行規則が自由権規約14条に違反すると解することもできない」と判断した。

そのうえで、「具体的場合において処遇上その他の必要から三〇分を超える接見を認めるかどうか、あるいは教化上その他の必要から立会いを行わないこととするかどうかは、いずれも、当該受刑者の性向、行状等を含めて刑務所内の実情に通暁した刑務所長の裁量的判断にゆだねられているものと解すべきであり、刑務所長が右の裁量権の行使としてした判断は、裁量権の範囲を逸脱し、又はこれを濫用したと認められる場合でない限り、国家賠償法一条一項にいう違法な行為には当たらないと解するのが相当である。以上の理は、受刑者が自己の訴訟代理人である弁護士と接見する場合でも異ならないものと解すべきである」と判断した（なお、遠藤光男裁判官は、控訴審判決が違法と認めなかった刑務所の時間制限と刑務所職員の接見の立会いについても違法であるとする反対意見を述べている）。

最高裁判決が国際人権法に関して示した判断はわずかに1行だけであり、自由権規約の実質的な解釈についてはまったく論じていないが、これは国際人権法の解釈・適用に消極的な最高裁の態度をあらためて浮き彫りにさせたといえ

る。これに対して、とくに、控訴審である前掲の高松高裁判決が自由権規約について国際人権法の発展の傾向を考慮した判断をしたことについては、高く評価することができ、今後も高松高裁の解釈論に則った主張を展開していくべきである。

また、欧州人権裁判所で出される判例の動向に注目するとともに、わが国と同様に、欧州人権条約の締約国以外で、自由権規約の締約国において、欧州人権条約やその解釈が影響を与えている裁判例等を調査して活用することを検討すべきである（北村泰三・山口直也編『弁護のための国際人権法』〔現代人文社、2002年〕182頁参照）。

なお、民事訴訟法改正により、上告理由は憲法違反に限定されたことから（民事訴訟法311条1項）、それ以前よりも国際条約違反の主張がいっそう困難になるのではないかとする指摘もあるが、重要な条約規定について判断を示さないというような条約の瑕疵ある適用または無視の場合には、憲法98条2項違反として上告理由になるとの見解が参考になる（斎藤正彰「国際人権訴訟と違憲審査」北法47巻5号320頁参照）。

また、「法令の解釈に関する重要な事項を含むものと認められる事件」として上告受理申立てを行うことは可能であると解されるから（只野雅人・判時1746号25頁）、あきらめることなく活用すべきであろう。

【国際人権法の条文】
（自由権規約）
14条1項　すべての者は、裁判所の前に平等とする。すべての者は、その刑事上の罪の決定又は民事上の権利及び義務の争いについての決定のため、法律で設置された、権限のある、独立の、かつ、公平な裁判所による公正な公開審理を受ける権利を有する。（以下、省略）

【参考裁判例】
・刑務所に在監している受刑者が刑務所職員の暴行を理由とする国家賠償請求訴訟を提起中に、その訴訟代理人である弁護士との接見を不許可にしたり、接見時間を30分以内と制限し、刑務官の立会いを条件とした措置について国家賠償請求訴訟を提起した事案（徳島地判平9・3・15日判時1597号115頁、高松高判平9・11・25判時1653号117頁、最1小判平12・9・7判時1728号17頁）
・刑務所に在監している受刑者が長期間の独居拘禁を理由とする国家賠償請求を提起中

に、その訴訟代理人との接見を不許可にするとともに、本人尋問への出廷も不許可にされた措置に対して国家賠償請求訴訟を提起した事案（旭川地判平14・2・26判例集未登載）

【参考文献】

本文中に掲げた文献のほか、以下を参照。
・愛知正博『平成9年度重要判例解説』ジュリスト1135号（1998年）200頁以下
・前野育三『平成12年度重要判例解説』ジュリスト1202号（2001年）196頁以下
・緑大輔「訴訟主体としての被疑者・被告人と未決拘禁―接見交通を中心に」刑事立法研究会編『代用監獄・拘置所改革のゆくえ―監獄法改正をめぐって』（現代人文社、2005年）174頁以下
・葛野尋之「外部交通」菊田幸一・海渡雄一編『刑務所改革―刑務所システム再構築への指針』日本評論社（2007年）152頁以下

山下幸夫

社会保障

外国人の国民健康保険

> 中国国籍のAは、家族ともども在留資格がないまま、長期間、日本に在留していたが、長男Bが疾病にかかり、多額の医療費が必要となった。そこで、Aは、居住しているC市に対し、国民健康保険への加入を求めた。しかしC市は、「在留資格のない外国人は国保に入れない」と回答した。
> Aから相談を受けた弁護士はどのような対応をすべきか。

1 あらためてC市と交渉し、国民健康保険被保険者証の交付を求めるべきである。
2 当該外国人の家族について在留特別許可の取得が期待できるかどうか検討し、その申請（行政解釈上は「出頭申告」）をして、なるべく早く在留資格を具備するようにすべきである。
3 問題提起をするに適した案件であれば、行政訴訟を検討するべきである。

●解説

1 外国人と国民健康保険

(1) 当然適用について

国民健康保険法（以下、「国保法」）5条は、市町村内に住所を有する者を当該市町村の運営する国民健康保険（以下、「国保」）の被保険者と定め、同法6条は、他の被用者保険等の被保険者を国保の適用から除外している。そして、同法7条は、市町村内に住所を有し適用除外に該当しない者は、国保等への加入等の行為を要することなく、住所を取得した日から当然に当該国保の被保険者となると定める。したがって、本件において「国保への加入」を求めているのは誤りであって、C市に住所を取得すると同時に当然に被保険者となることを前提に「被保険者証の交付」を求めるべきことになる。なお、被保険者証の交付請求

権を有するのは、世帯主である(国保法9条2項)。

(2) **行政の取扱い**

　1990年と1991年に、日本人と婚姻した在留資格のない外国人らが東京圏において組織的に被保険者証の交付を要求したことを契機に、厚生省国保課長は1992年3月31日付で通知を出し、在留資格がない外国人を国保の適用から排除した。しかし、課長通知は、法令でなく法的拘束力がないことや、被保険者資格の判断権限は国保の運用主体である市町村にあることから、上記課長通知後も、在留資格のない外国人を被保険者であるとして被保険証を交付する市町村は少なくなかった。

(3) **訴訟における行政側の主張**

　本件は、外国人国保弁護団が、横浜市の被保険者証不交付による損害賠償を求めて提訴した事案をモデルとしている。

　在留資格のない外国人の被保険者資格については、このほか2件の訴訟がある。上記のとおり、被保険者資格は、「住所」の解釈いかんにより結論が決まるが、これらの訴訟において、行政側は、要旨、①生活の本拠が住所であるためには、その居住に安定性が必要である、②在留資格がない外国人は、本来、退去強制になるべきものであり、その居住に安定性がない、③したがって、在留資格のない外国人は日本に住所がない、と主張した。

2　わが国における裁判例の状況

(1) **下級審の判断**

　①東京地判平7・9・27(判時1562号41頁)は、不法入国後日本人と婚姻し、日本人夫が死亡後、1人で日本国籍を持つ子を育てていたフィリピン人女性への被保険者証不交付処分の違法性が争われた事案につき、要旨、「国保法上の住所は、適法な住所を意味する」として請求を棄却した。

　②東京地判平10・7・16(判時1649号3頁)は、オーバーステイになった後、日本人と婚姻し、在留特別許可(以下、「在特」)を申請していた中国人女性への不交付処分の違法性が争われた事案につき、要旨、「武蔵野市にて日本人の夫と同居して夫婦生活を送っていること、在特を申請していることなどから、武蔵野市に住所を有する」として、不交付処分の違法を認め、不交付処分を取り消した。

③横浜地判平13・1・26（判時1791号68頁）は、本件のモデルとなった事例についての国賠訴訟の一審判決である。同判決は、要旨、「在留期間が約22年に及んでいたこと、在特を申請していたこと」などから、不交付処分を違法と判断した。しかし、住所の解釈について誤ったことについて横浜市に過失はないとして、国賠請求を棄却した。

　④③の控訴審である東京高判平14・2・6（判時1791号63頁）は、①と同様の解釈をとり、不交付処分を適法と判断した。

(2)　最高裁判決とその意義

　③④の上告審である最1小判平16・1・15は、上告を受理して、上告人が横浜市にて約13年間家族生活を送っていたものであること、外国人登録をして在留特別許可を求めていたことなどから、上告人が今後も横浜市に居住する可能性が高かったとして、上告人の住所が横浜市にあることを認定し、不交付処分を違法とした。ただし、住所がないとの横浜市の誤った解釈につき過失はないとして上告は棄却した。なお、最高裁判決の後、横浜市は、違法とされた不交付処分を撤回し、過去に遡って保険給付を行った。

　国保法の解釈上、最高裁判決の意義は、①在留資格のない外国人であっても日本に住所を取得する場合があることを司法が率直に認めたこと、②その場合に国保の被保険者となること、および、③今後は在留資格の有無・種類のみを理由として住所の取得を否定することができないこと、を明らかにしたことにある。

　なお、この事例では、在特申請時において、在特許可の蓋然性を判断できるのかが争点となっていた。行政側が、在特判断は法務大臣の自由裁量に基づくので、これを事前に予測することはできないと主張したのに対し、最高裁は、この主張を容れずに、在特の蓋然性を前提に住所の有無を判断した。すなわち、従来の自由裁量論と相容れない立場に最高裁が立ったものと解される。

3　省令の改正

　ところで、国保法6条8号は、「その他特別の理由がある者で厚生労働省令で定めるもの」は国保から適用除外されると規定している。上記最高裁判決を受け、外国人に対する国保適用の見直しを検討してきた厚労省は、同号に基づく適用除外を省令で定めることとし、2004年6月8日、国民健康保険法施行規則を改め、要旨、1年以上の在留資格のない外国人は国保から除外される、とした。

この省令の文言からは、在留資格のない外国人が日本の医療制度、健康保険制度から排除され、命や健康が保障されないおそれが高まった。現に、この原稿執筆中も、3本ある心臓の主要な冠動脈のうち1本が閉塞し、残りの2本が90％狭窄で、いつ冠動脈が閉塞して心機能が停止するか（停止すれば死亡する）不明なフィリピン人女性の事案につき、K市が在留資格のないことを理由に被保険者証の交付をいったんは拒絶し、病院も被保険者証がないことを理由に手術を拒否した。

　その後、筆者が交渉したところ、K市は、在特許可申請をしたこと、および、その許可が見込まれることを内容とする弁護士の意見書を提出することを条件に被保険者証を交付した。入管も、この事案については、異例のスピードで事件処理をし、在留特別許可を出した。被保険者証交付後、直ちにバイパス術が施術され、本人は命を取りとめた。

4　改正規則の適法性

　上記改正規則は、適法であろうか。まず、国保の制度趣旨に反するのではないかが問題であり、次に社会権規約との適合性が問題となる。

(1)　皆保険の趣旨

　国保法は、他の健康保険制度の適用を受けないすべての者を適用対象とする一般法であり（国保法5条、6条）、国保制度により、日本に住むすべての者が健康保険制度の適用を受けることとなる。

　そして、国保の適用除外を定める同法6条1号から7号が規定するのは、国保以外の被用者健康保険等の被保険者である。すなわち、6条の適用除外は、健康保険制度の二重適用を防ぐことにその趣旨がある。適用除外の定めを省令に委任した8号は、「その他特別の理由がある者で厚生労働省令で定めるもの」と規定する。同条の二重適用防止の趣旨からは、「その他特別の理由がある者」とは、他の制度により医療保障を受けられ、国民健康保険の適用を受けることを要しない者をいうと解するべきである。現在、施行規則の文言上、適用除外とされる「在留資格のない外国人」を対象とする医療制度は存しないのであるから、改正規則は、同法6条8号に違反するというべきである。

(2)　健康を享受する権利

　社会権規約12条1項は、「この規約の締約国は、すべての者が到達可能な最

高水準の身体及び精神の健康を享受する権利を有することを認める」と規定し、2項は、「この規約の締約国が1(項)の権利の完全な実現を達成するためにとる措置には、次のことに必要な措置を含む。……(d)病気の場合にすべての者に医療及び看護を確保するような条件の創出」と定める。同条1項2項が、すべての者と定め適用除外を認めていないこと、同規約2条2項が「この規約に規定する権利が、……国民的若しくは社会的出身……又は他の地位によるいかなる差別もなしに行使されることを保障することを約束する」と定めていること、および医療の最高平等性から、在留資格のない外国人についても「健康を享受する権利」が保障されているのは当然である。そして、日本においては、健康保険制度が充実し、保険制度から排除されることが医療から排除されることと同等であるとの社会的状況から、在留資格のない外国人についても健康保険制度の適用対象とするべきである。

(3) 後退禁止義務

社会権規約2条1項は、「各締約国は、……この規約において認められる権利の完全な実現を漸進的に達成するため、自国における利用可能な手段を最大限に用いることにより、……行動をとることを約束する」と定める。

この規定は、漸進義務を定めたと同時に、後退禁止義務を締約国に課したものと解される。社会権規約委員会の一般的意見3は、「いかなる後退的な措置が意図的にとられた場合にも、規約上の権利全体に照らしおよび利用可能な最大限の資源の利用という文脈においてそれを十分に正当化することが要求される」(9項)としている。学説上も、「漸進的実現の義務は時間の経過とともに権利状況を継続的に改善することを要求しており、そのために『行動をとる』義務が見出されるのであるから、あらゆる種類の後退措置は、それが高いレベルからの後退であっても(例えば高等教育の無償化から有償化への移行)、この進歩のプロセスに反することになる」(宮崎繁樹編『解説 国際人権規約』〔日本評論社、1996年〕28頁)としている。

そして、漸進的実現のために「直ちに措置をとる義務」が即時的なものであること、後退措置の禁止という締約国の義務の内容が一義的に明確であることから、後退の措置禁止の義務も即時的なものであり、これに反して経済的・社会的権利の実現状況を後退させる措置がとられた場合、かかる措置は、社会権規約2条1項違反として違法である。

(4) 最高裁判決と後退禁止義務違反

　前述の最高裁判決は、国保が在留資格のない外国人についても適用されることを確認した。仮に、改正規則が在留資格のない外国人を適用除外したものと解釈すると、改正規則により外国人の健康を享受する権利の保障が後退したことになり、同規則は、後退禁止義務違反として違法である。

5　最後に

　在留資格のない外国人を適用排除しようとする厚労省の方針を是としない市町村は少なくない。また、通常は、厚労省の指導どおりの運用をしている市町村でも、重病の当事者に対しては、人道的な見地から例外的措置をとって被保険者証を交付することもある。ことは命と健康に関わることなので、粘り強い交渉が望まれる。

　また、改正省令の適法性については、裁判例がないところであって、外国人と国保の問題の司法的解決は今後の課題である。

【国際人権法の条文と一般的意見】
（社会権規約）
2条1項　この規約の各締約国は、立法措置その他のすべての適当な方法によりこの規約において認められる権利の完全な実現を漸進的に達成するため、自国における利用可能な手段を最大限に用いることにより、個々に又は国際的な援助及び協力、特に、経済上及び技術上の援助及び協力を通じて、行動をとることを約束する。
2項　この規約の締約国は、この規約に規定する権利が人種、皮膚の色、性、言語、宗教、政治的意見その他の意見、国民的若しくは社会的出身、財産、出生又は他の地位によるいかなる差別もなしに行使されることを保障することを約束する。
12条1項　この規約の締約国は、すべての者が到達可能な最高水準の身体及び精神の健康を享受する権利を有することを認める。
2項　この規約の締約国が1の権利の完全な実現を達成するためにとる措置には、次のことに必要な措置を含む。
　(a)　死産率及び幼児の死亡率を低下させるための並びに児童の健全な発育のための対策
　(b)　環境衛生及び産業衛生のあらゆる状態の改善
　(c)　伝染病、風土病、職業病その他の疾病の予防、治療及び抑圧
　(d)　病気の場合にすべての者に医療及び看護を確保するような条件の創出

(社会権規約委員会による一般的意見３)

9　第２条１項に反映された主な結果の義務は、規約で「認められた権利の完全な実現を漸進的に達成するため」措置をとる義務である。この文言の意図を説明するためにしばしば、「漸進的実現」という語が用いられる。漸進的実施の概念は、すべての経済的社会的文化的権利の完全な実現は一般的に短期間にはなしえないであろうということを認めたものである。この意味でこの義務は、市民的及び政治的権利に関する規約に含まれた義務と顕著に異なる。しかし、時間をかけた、換言すれば漸進的な実現が規約で予期されているという事実は、この義務から意味ある内容をすべて奪うものと誤解されるべきではない。それは一方で、経済的、社会的及び文化的権利の完全な実現を確保する際の実際の世界の現実及びすべての国が有する困難を反映した、必要な弾力性の仕組みである。他方で、この文言は全体的な目標、すなわち、当該諸権利の完全な実現に関して締約国に明確な義務を設定することという、規約の存在理由に照らして読まれなければならない。それは、その目標に向けて、可能な限り迅速にかつ効果的に移行する義務を課しているのである。さらに、この点でいかなる後退的な措置が意図的にとられた場合にも、規約上の権利全体に照らしておよび利用可能な最大限の資源の利用という文脈においてそれを十分に正当化することが要求される。

　　　　　　　　　　　　　　　　　　　　　　　大貫憲介（第二東京弁護士会）

国際組織犯罪防止条約と人身取引

1 人身取引の実態

　人身取引は「現代の奴隷制」と表現される。アジアでは過去30年足らずの間に3000万人もの女性と子どもが犠牲になり[*1]、現在も毎年60〜80万人がその犠牲となっているといわれている[*2]。人身取引はしばしば国際的犯罪組織によって遂行され、その主要な資金源のひとつとなっており、経済的社会的不公正がその温床となっていることも指摘されている。

　日本が人身取引の主要な受入国のひとつであることは、国際社会の一致した認識である[*3]。とくに性的搾取を目的とする女性の人身取引の被害が多い（人身取引の目的は性的搾取、強制労働、臓器摘出など多岐にわたり、被害者も女性に限られないが、日本の現状に鑑み、本稿では主として性的搾取を目的とする女性の人身取引を念頭に置く）。1970年代の「買春ツアー」が国際的批判を浴びると、1980年代からは被害者が日本に連れて来られるようになった。1990年代前半には被害者らが劣悪な状況から抜け出す際にママを殺害してしまう事件が相次いで起き、日本社会でも被害実態の一部が報道されるようになった[*4]。しかし、その後約10年もの間、メディアからも政府からも無視され、人権侵害は放置され続けた。そのなかで、2000年にも、ヤクザに転売すると脅された被害者を助けようとした男性が監視役の女性を殺害し被害女性も起訴されるという事件が起きた[*5]。その後、2003年のソニー事件判決[*6]などを契機に被害実態が少しずつ報道されるようになり、NGOネットワークも結成され[*7]、2004年には政府も対策を始め（後述）ようやく人身取引は日本においても主要な人権課題のひとつとなった。

　日本には、アジア（タイ、フィリピン、インドネシア、台湾、中国、韓国等）、ラテンアメリカ（コロンビア、ペルー等）、東欧（ロシア、ウクライナ、ルーマニア等）などから女性が送り込まれている。被害者たちは、仮に接客仕事と知らされていても、監禁状態で売春を強要され、働いた賃金も得られないとまでは想像していない。引率役に監視されつつ日本に到着すると、直ちに出迎え役に引き渡され、

ブローカーの仲介で仕事場となるスナックやストリップ劇場に運ばれ、そこではじめて現実に直面する。航空券やパスポート等の渡航手続費用に加えて仕事紹介料等の名目で数百万円の「借金」を負わされ、生活費や接客態度等を理由とする罰金も加算される。仕事を拒んだり逃げようとすれば、暴行され脅迫される。誰にどう助けを求めたらよいのかもわからない。仕事場が摘発されても、これまでは、被害者として救済されるどころか出入国管理及び難民認定法（以下、「入管法」）違反の犯罪者として逮捕・収容され、退去強制されるだけであった。他方、加害者が摘発され処罰されることは、ほとんどなかった。

心身に深い傷を負った被害者たちを保護し支援してきたのはNGOである。被害者たちは出身国の大使館を介する等して、外国語が話せるスタッフがいるごく限られたシェルターに保護されてきた。しかし、寄付金等で運営されているNGOの財政難は深刻で、被害者の保護支援はボランティアが支えているのが実情であった[*8]。

2004年以降の日本政府の対策により、この状況は若干変化しつつある（後述）。しかし、被害が潜在化していることが予想され、「国際結婚」や「研修」などを隠れ蓑にした人身取引への対策もこれからである。

人身取引の背景には、受入国と送出国との大きな経済格差がある。被害者の多くは貧困層の出身で、「日本で高給が得られる、渡航費用は働きながら返せばよい」と騙され、家族の生活を支えるために日本行きを決意する。日本は治安のよい先進国であり、よもや奴隷同然の扱いが待っているとは想像もできない。懸命に働いて家族に送金し、やがて家族の待つ本国に帰り新たな生活を始める、それが被害者たちの希望である。加害者はこの希望を逆手にとり、徹底的に搾取する。受入国日本の大きな需要がこの搾取を支える。

2 人身取引に関する国際条約

人身取引は、莫大な利益を上げられ、取締りが難しく検挙される可能性が低いために、麻薬・武器取引と並ぶ犯罪組織の主要な収入源となっている。主権国家による出入国管理も損なわれる。そのため、あらゆる国が人身取引と無関係ではありえず、国際社会は早くからこの問題に取り組んできた。

国際連合や国際機関が採択した条約のうち、人身取引に直接・間接に関係する規定を置くものは以下のとおりである[*9]。

①ILO強制労働に関する条約（1930年採択、日本は1932年締結）、同強制労働の廃止に関する条約（1957年採択、日本は未批准）

　いずれの条約も、「強制労働」を処罰の脅迫の下で他人から引き出されるすべての労働又は役務であり、その者が自発的にするものではないものと定義し、強制労働の慣行を根絶し処罰することを締約国に義務づけている。

②人身売買及び他人の売春からの搾取の禁止に関する条約（1949年採択、日本は1958年締結）

　この条約は、売春の目的で他人を斡旋したり誘引することや他人の売春からの搾取を、その者の同意の有無にかかわらず、禁止し処罰することを締約国に義務づけている。また、売春宿を完全に廃止すること、売春宿を維持し管理し資金提供する者を処罰することを締約国に義務づけている。

③人種差別撤廃条約（1965年採択、日本は1995年締結）

　この条約は、暴力または傷害に対する身体の安全および国家による保護についての権利、公正かつ良好な労働条件、公衆の健康、医療、社会保障および社会的サービスについての権利、教育および訓練についての権利などの享有にあたり、あらゆる形態の人種差別を禁止し撤廃することを締約国に義務づけている（5条）。

④自由権規約（1966年採択、日本は1979年締結）

　この規約は、何人も奴隷状態および隷属状態に置かれない権利があること、あらゆる形態の奴隷制度および奴隷取引の禁止を定め、この規約において認められる権利を領域内にあるすべての個人に対し尊重し確保することを締約国に義務づけている（8条）。締約国はこの規約の履行状況を自由権規約委員会に報告する義務があり、自由権規約委員会はこれを検討し、意見を表明する（40条）。

⑤社会権規約（1966年採択、日本は1979年締結）

　この規約には人身取引について直接関係する規定はないが、人身取引被害を受けやすくする状況を改善するために有益な規定がある。即ち、公正かつ良好な労働条件を享受する権利がすべての者にあることを認めること（7条）、社会保険その他の社会保障についての権利がすべての者にあることを認めること（9条）、これらの権利の完全な実現を漸進的に達成するため自国における利用可能な手段を最大限に用いることにより行動をとること（2条1項）を締約国に義務づけている。締約国はこの規約の履行状況を社会権規約委員会に報告する義

務があり、同委員会はこれを検討し、意見を表明する。

⑥**女性差別撤廃条約（1979年採択、日本は1985年締結）**

　この条約は、あらゆる形態の女性の売買および女性の売春からの搾取を禁止するためのすべての適当な措置（立法を含む）をとることを締約国に義務づけている（6条）。何が適当な措置であるかについては、一般的な枠組みが定められている（2条）。締約国は条約の履行状況を女性差別撤廃委員会に報告する義務がある（18条）。

⑦**子どもの権利条約（1989年採択、日本は1994年締結）**

　この条約は、経済的搾取および有害な労働からの保護（32条）、あらゆる形態の性的搾取および性的虐待からの保護（34条）、他のすべての形態の搾取からの保護（36条）を締約国に義務づけ、また子どもの人身取引を防止するためのすべての適当な二国間または多国間の措置をとることを締約国に義務づけている（35条）。締約国は条約の履行状況を子どもの権利委員会に報告する義務がある（44条）。

⑧**ILO最悪の形態の児童労働の禁止及び撤廃のための即時の行動に関する条約（1999年採択、日本は2001年締結）**

　この条約は、「最悪の形態の児童労働」を売買、人身取引、債務拘束等のあらゆる形態の奴隷または奴隷状態、児童売春の周旋勧誘、児童ポルノグラフィー製作等と定義し（3条）、効果的な禁止と廃絶の方策を直ちにとることを締約国に義務づけている（1条）。

⑨**児童の売買、児童の買春及び児童ポルノに関する児童の権利に関する条約の選択議定書（児童売買等議定書）（2000年採択、日本は2005年締結）**

　この議定書は、「子どもの売買」を「報酬その他の対償のために、児童が個人若しくは集団により他の個人若しくは集団に引き渡されるあらゆる行為又はこのような引渡しについてのあらゆる取引」と定義し（2条）、子どもの売買等の禁止（1条）、性的搾取等を目的とする子どもの提供・引渡し・受領や売買春目的での子どもの提供・入手・周旋・供給等の行為の処罰（3条）、被害を受けた子どもの保護（8条）、被害の未然防止の措置（9条）などを締約国に義務づけている。締約国は条約の履行状況を子どもの権利委員会に報告する義務がある（12条）。

⑩**国際的な組織犯罪の防止に関する国際連合条約を補足する人、特に女性及び児童の取引を防止し、抑止し及び処罰するための議定書（人身取引防止議**

定書）（2000年採択、日本は2002年署名・2005年国会承認するも未締結）。

この議定書の目的は、女性と子どもにとくに留意しながら人身取引を防止しおよびこれと闘うこと、人身取引の被害者をその人権を十分に尊重しつつ保護し援助すること、以上の目的を達成するために締約国間の協力を促進すること、の3つである（2条）。

議定書は、人身取引を「搾取の目的で、暴力若しくはその他の形態の強制力による脅迫若しくはこれらの行使、誘拐、詐欺、欺もう、権力の濫用若しくは弱い立場の悪用又は他人を支配下に置く者の同意を得る目的で行う金銭若しくは利益の授受の手段を用いて、人を徴募し、運搬し、移送し、蔵匿し又は収受することをいう」と定義し（3条）、その行為を処罰することを締約国に義務づけている（5条）。

また、「適当な場合には……国内法において可能な範囲内で」という留保付きながら被害者の保護を締約国に義務づけている（6～8条）。具体的には、被害者のプライバシーの保護、必要な情報の提供、加害者の刑事裁判において被害者の意見等が表明考慮されるための援助、被害者の身体的・心理的・社会的回復のための適当な住居、理解できる言語によるカウンセリングや法的情報の提供、医学的心理的および物的援助、雇用・教育および訓練の機会などの提供、被害者の年齢・性別・特別のニーズへの考慮、受入国内における身体の安全確保、加害者への損害賠償の制度を規定すること等を締約国に求め（6条）、被害者が一時的または恒久的に締約国内に滞在することを認める立法その他の措置をとること（7条）を締約国に求め、また、被害者の送還については被害者の安全および人身取引の被害者であるという事実に妥当な考慮を払い任意で送還することが望ましいとしている（8条）。

未然防止については、人身取引を防止し抑止し、被害者を再度の被害から保護するための包括的な政策計画等を定めること、人身取引被害を受けやすくする要因を軽減する措置をとること、需要を抑制するための教育的・社会的・文化的措置等をとることなどを締約国に義務づけている（9条）。

⑨および⑩が人身取引に対する国際条約の現在の到達点である。ただし、⑩は犯罪防止条約を本体条約とする議定書であり、被害者保護および被害防止に関する締約国の義務は緩やかである。そのため議定書の起草過程に関与してきた国連人権高等弁務官事務所（UNHCHR）は下記3を提出した。これもあわせ

て検討されなければならない[*10]。

3 人権および人身取引に関して奨励される原則および指針[*11]

　これは2002年7月、国連経済社会理事会の会期において、UNHCHRが同理事会に提出した報告書である（E/2002/68/Add.1）。人身取引の被害者の人権確保が最重要であるとの認識の下に作成された、人権を考慮した人身取引の防止・根絶および被害者支援のためのガイドラインであり、人身取引の被害者は経由国および目的国への不法入国・不法滞在・それが被害者としての状況の直接的結果である限りにおいて違法な活動に関与したことを理由に収容・告発・訴追されてはならないこと（原則7、指針2）、人身取引の被害者はいかなる状況においても拘留施設に収容されないことを確保すること（指針2、6）、人身取引の被害者の保護は加害者の刑事訴追への協力を条件にしてはならないこと（原則8、指針6）などが定められている。

4　日本に対する国際的批判

　政府が人身取引対策を開始したのは2004年である。それ以前は、日本には人身取引被害者はいないとしてほとんど何の対策もとらず、国際社会から批判されていた。

(1) 国連による指摘と勧告

　自由権規約委員会は、日本政府の第4回報告書に対する最終所見を1998年11月に採択した。そこでは「風俗営業等の規制及び業務の適性化等に関する法律の改正にも関わらず、女性の不正取引及び不正取引、奴隷類似行為の対象となった女性に対する不十分な保護は、規約第8条の下で深刻な懸念として残っている。……児童の誘拐及び性的搾取が刑罰の対象となるという事実にも関わらず、売春の目的のために日本に外国人児童を連れてくることを禁止するための特定の法的条項の不存在についても懸念を有する。委員会は、状況が規約第9条、第17条及び第24条に基づく締約国の義務に従ったものとされるよう勧告する」とされている。

　しかしこの指摘と勧告は無視され、深刻な被害状況が続いた。そこで日弁連は、女性差別撤廃条約に基づく第5回日本政府報告書に対する報告書（2003年5月）において、人身取引に対する法制の不備を指摘するとともに、関係大使

館やNGO等とも協力しながら被害者の現状を把握する必要があることを指摘した[*12]。2003年7月の女性差別撤廃委員会においても、日本政府の現状把握の不十分さと法制の不備が繰り返し指摘され、同8月の最終見解では「委員会は、この問題の広がりについての情報が不十分であること、現行法下では加害者の処罰が寛大すぎることに懸念を有する」、「委員会は、締約国が女性・女児のトラフィッキングと戦うための取組を強化することを勧告する。委員会は、締約国がこの問題に対処し、加害者への適切な処罰を確保するための包括的な戦略を策定することを目的として、体系的にこの事象を監視し、被害者の年齢、出身国を示す詳細なデータを収集することを要請する。委員会は、締約国が次回の報告に女性・女児のトラフィッキング及びそれに関連してとられた措置についての包括的な情報、データを提供することを要請する」との指摘と勧告がなされた。

(2) **NGOによる批判**

国際的人権NGOであるヒューマン・ライツ・ウォッチによる報告書"OWED JUSTICE: Thai Woman Trafficked into Debt Bondage in Japan"（2000）のほか、帰国した被害者を保護支援するNGOなど、さまざまなNGOが日本の対応を批判してきた。

(3) **米国国務省レポート**

米国務省は2000年制定の人身取引被害者保護法（The Trafficking Victims Protection Act: TVPA）に基づき、各国の人身取引対策の現状を3段階に格づけした年次報告書を作成している[*13]。日本は、人身取引の受入国であるにもかかわらず法整備や被害者保護等の面で最低基準すら満たしていないとして「分類2」に指定されていたが、2004年報告書ではさらに最低ランクに落ちるおそれがある「監視対象国」に挙げられ、政府としての統一的な政策がなく、政府機関の間に誰が人身取引の被害者にあたるかについての共通理解がないこと等も指摘された。2005年報告書で監視対象国からは外れたが、依然「分類2」にとどまっている。

5　日本の法制の現状

政府は、国際組織犯罪防止条約および人身取引防止議定書の締結をめざし、2004年4月に人身取引対策関係省庁連絡会議を立ち上げ[*14]、同年12月には人身取引対策行動計画を策定した[*15]。そして、刑法、入管法、風俗営業法等が

一部改正され、入管、警察、婦人相談所等の対応も変わった。しかし、被害者保護支援と防止については課題が残る[*16]。

(1) 加害者の処罰

これまで日本には、「人身取引」を定義し一般的に（客体や目的のいかんを問わず）これを禁止し処罰する規定は存在しなかった。刑法（略取誘拐、暴行・傷害、監禁等）や売春防止法（売春助長行為）、労働基準法（強制労働）、入管法（不法就労助長）等による処罰は理論的には可能であったが、実際の適用例は少なく量刑も軽かったし、これらの規定は議定書の定義する「人身取引行為」のすべてをカバーしていなかった。

そこで、2005年6月、人身売買罪の新設、生命身体加害目的による略取誘拐行為の処罰化、被略取者等の輸送・引渡し・蔵匿行為の犯罪化等を内容とする刑法一部改正、わいせつ・結婚目的人身売買罪等の被害者をビデオリンク方式の証人尋問の対象被害者とする刑事訴訟法一部改正が行われた。同年10月には接客従業者の就労資格確認と記録保存を義務づけ、違反に対し罰金を科す風俗営業法一部改正も行われた。

(2) 被害者の保護支援

(a) 法的地位

被害者らの行為は、形式的には、入管法（不法入国、超過滞在、資格外就労等）、外国人登録法（不申請等）、刑法（偽造公文書行使、公正証書原本等不実記載等）、売春防止法（公然勧誘等）などの刑罰規定に該当する場合が多い。これまでは実際に処罰されることが多かったが、現在は人身取引被害者であることがわかれば逮捕も起訴もされない扱いとなっている。ただ、「被害者」か否かは主に警察の判断に委ねられており、真実の被害者が処罰される可能性は否定できない。

また、被害者らの行為が入管法に違反していれば、原則として退去強制の対象である。もっとも、2005年6月の入管法改正により、人身取引被害者は在留特別許可の取得が可能であることが明示された[*17]。しかし、その許否が法務大臣の裁量にかかるという法的枠組みに変わりはなく、真実の被害者が退去強制される可能性は依然、残る。

(b) シェルター、住居

唯一の公的シェルターは婦人相談所である。国は、適法な在留資格のない外

国人についての入管への通報義務を事実上免除し、人身取被害者の受入を婦人相談所（各都道府県）に要請した[18]。また、婦人相談所が民間シェルター等に被害者の一時保護を委託した場合は１日１人あたり約6,500円の委託費を国と都道府県が半額ずつ負担する制度を設け、2005年４月から実施している。しかし、婦人相談所の一時保護は原則２週間（延長しても４週間程度）に限定され[19]、医療やカウンセリングの体制も十分ではなく、人員や施設面での不備も指摘されている。衣食住の提供はできても、それ以上の保護支援のプログラムや資金は持たず、被害の背景や被害者の事情に対する十分な理解を持つスタッフも不足し、適切な通訳の常駐もない。人身取引被害者を同所で保護支援することには限界がある。被害者を受け入れている民間シェルターは全国で２カ所しかない。いずれも大変な努力と貢献をしているが、十分な公的助成もなく厳しい財政状況が続いている。

(c) 医療、生活費等の保障

　社会保障は原則としてその者の国籍国が責任を負うべきであるというドグマの下、生活保護法は適用対象を「国民」に限定し（１条）、国は外国人への準用を「永住者」「定住者」「日本人の配偶者等」等の長期安定した在留資格を有する者に限定し、地方自治体もこの基準に従い厳格に同法を運用している[20]。人身取引被害者の多くは適法な在留資格を有さず、これを有していたとしても「興行」「短期滞在」等の在留資格であるため、生活保護法が準用される余地はない。被害者と認められ在留特別許可を得る場合も、許可される在留資格は「特定活動」であって、この場合も生活保護法の準用は拒否される。

　もっとも国は、医療について「婦人相談所の嘱託医」と「無料低額診療事業実施医療機関の紹介」でカバーするとしている[21]。しかし、重大な疾病・怪我等の場合に十分対応できるかは疑わしい。

(d) 法的権利の回復

　未払い賃金請求や損害賠償請求は理論的には可能であるとしても、加害者特定とその財産把握、証拠方法の収集、弁護士への委任・継続的連絡などは困難であり、権利行使の実効性は期しがたい。そもそも、被害者が弁護士に相談ないし委任する機会は保障されておらず、総合法律支援法に基づく民事裁判等の費用援助制度はこれを利用できる外国人を原則として適法な在留資格を持つ者に限定している。

犯罪被害者給付法による給付も、死亡・重病傷・後遺症を受けた犯罪被害者に対する恩恵的措置とされ、かつ給付金の支給対象から「日本国籍を有せず、かつ日本国内に住所を有しない者」は除外されており（3条）、人身取引被害者が給付を受ける可能性はない。

(3)　被害者らの安全の確保

　被害者の心身の回復のためには加害者からの脅迫・復讐等の不安から解放されることが必要であり、そのためには出身国と日本の双方で、加害者からの脅迫・復讐等から被害者本人および家族等関係者を防御する必要がある。また、加害者処罰および今後の人身取引防止のためのは、とくに加害組織上層部の関与を明らかにすることが重要であり、そのためには被害者を含む証等人の保護が重要である。しかし、そのいずれについても十分な制度はない。

(4)　その他

　入国審査や在留中の活動チェックの厳格化、在留資格「興行」にかかる基準省令の厳格化[22]のほか、旅行業者・運送業者等への啓発、ポスター・リーフレット等による社会啓発が行われている。需要の抑制に向けて風俗営業法の一部改正も行われた（性風俗関連特殊営業の規制強化、客引きの規制等）。しかし需要の抑制は未だ不十分といわざるをえない。

6　裁判における国際条約の利用

(1)　被害者が起訴され、あるいは退去強制処分を受けた場合

〔例〕被害者が逃げようとして監視役のママを致死傷させ、起訴されたケース
　　　被害者が入管法違反または売春防止法違反で起訴されたケース
　　　被害者が入管に身柄を収容され退去強制処分を受けたケース

　被害者の不処罰と非身柄拘束について直接言及した条約はない。そこで、UNHCHR「人権及び人身取引に関して奨励される原則及び指針」を引用し、あるいは前掲の各条約（とくに人身取引防止議定書）の趣旨に照らし、公訴権濫用ないし刑の免除・軽減を主張する。

　被害者の在留資格について、人身取引防止議定書7条は「1　締約国は……適当な場合には、人身取引の被害者が一時的又は恒久的に当該締約国の領域内に滞在することを認める立法又はその他の適当な措置をとることを考慮する。2　締約国は1に規定する措置を実施するに当たり、人道的な及び情状上の要

素に適当な考慮を払う」と規定する。これは直ちに締約国の義務になるわけではないが、人身取引防止議定書の趣旨および前掲UNHCHRの原則指針を引用し、法務大臣の裁量の逸脱・濫用を主張することになる。

　もっとも、現在、人身取引被害者であると認定された場合は、警察・検察は逮捕・起訴をせず、入管は在留特別許可を認める扱いとなっている（重大犯罪が絡む場合は別）。そこで、現実の問題は、警察ないし入管によって「被害者」と認められるか否かである[*23]。人身取引被害者であるか否かを短時間で判断することは、必ずしも容易ではない。加害者の手口や被害者の心理状態まで十分に理解した専門家が、ゆっくり時間をかけ被害者の信頼を得たうえで事情を確認することにより、はじめて真実は明らかになる。警察官が警察署内で短時間事情を聴取して判断するのは不適切であり、被害者の可能性がある以上、いったんは保護し、ゆっくり時間をかけて専門家が判断すべきである。この点は、とくにUNHCHRの「原則と指針」を強調する必要がある。

(2) **加害者に対し損害賠償請求をする場合**

　被告は、「原告（被害者）は売春することを承知で来ていた」として、不法行為の成立を争い、または過失相殺を主張することが予想される。しかし、人身取引防止議定書は、所定の手段が用いられた場合には「搾取の目的」（他人の売春からの搾取はこれに該当する）への同意は違法性を阻却しないこと（3条(b)）、被害者が18歳未満の場合は所定の手段さえ必要ないこと（3条(c)(d)）を明らかにしている。そもそも、搾取されることへの真摯な同意が存在することは考えがたい。

(3) **日本政府に国家賠償を求める場合**

　前掲条約の多くは、締約国に人身取引の防止および廃絶、被害者救済保護のための実効性ある対策の実施を義務づけている。しかし、日本政府の対応は従前に比べ改善されたとはいえ、十分とはいいがたい。被害者の保護救済について人身取引防止議定書は「適当な場合には、……国内法において可能な範囲で」という留保を付しているが、これは保護対策が不十分であってよいという意味ではない。

*1　2000年外務省主催「人のトラフィッキングに関するアジア太平洋地域シンポジウム」報告書。

*2　2004年米国国務省人身取引報告書。ただし、これは国境を越えて行われる人身取引の推定人数であり、国内で行われる人身取引は含まれない。なお、ILOの強制労働と人身取引に関する報告書（2005年5月）によれば、世界中で少なくとも1230万人が強制労働を強いられており、このうち240万人が人身取引の被害者とされている。

*3　在日タイ大使館、同コロンビア大使館の報告、IOM（国際移住機構）やヒューマン・ライツ・ウォッチの報告書など。

*4　下館事件、新小岩事件、茂原事件、桑名事件、市原事件など。下館事件タイ3女性を支える会編『買春社会日本へ－タイ人女性からの手紙』（明石書店、1995年）、報告集「桑名事件」、京都YWCA・APT編『人身売買と受入大国ニッポンその実体と法的課題』（明石書店、2001年）など。

*5　四日市事件。タイ人被害女性Aが逃げる際に監視役のタイ人女性Bに気づかれ、タイ人男性Cに助けを求めたところ、駆けつけたCがBに暴行を加えている間にAはBのバッグ等を持って逃げ出し、その後CがBを殺害した事件。Aは強盗致死罪で起訴され、津地裁・名古屋高裁ともに懲役7年の実刑判決を受け、上告も棄却された。

*6　ソニー事件（東京地判平15・3・28）。コロンビア人女性多数をストリップ劇場に送り込んでいた被告人（通称ソニー）に対し、入管法73条の2（不法就労助長罪）および職業安定法63条2項違反により、懲役1年10月（実刑）を宣告（確定）。筆者が知るかぎり、この時点まででこれが最も重い量刑である。

*7　人身売買禁止ネットワーク（JNATIP）。

*8　注*4起載の文献、JNATIP編『人身売買をなくすために－受入大国日本の課題』（明石書店、2004年）。

*9　中川かおり「人身取引に関する高裁条約と我が国の法制の現状（総論）」外国の立法－立法情報・翻訳・解説220号（国立国会図書館調査及び立法考査局、2004年5月）。

*10　米田真澄「人権の視点から人身売買の被害者保護・支援を検証する」アジア太平洋人権レビュー2006（ヒューライツ大阪、現代人文社）。なお同書の他の論文も有益。

*11　UNHCHRが国連経済社会理事会に提出した「人権及び人身売買に関して奨励される原則及び指針」<http://www.unhchr.cog/english/issue/trafficking/index.htm>。

*12　「女性差別撤廃条約に基づく第5回日本政府報告書に対する日本弁護士連合会の報告書」2003年5月。人身取引に対する法制の不備を指摘するとともに、タイ人女性とコロンビア人女性に対する人身取引ケースを報告し、警察・入管による摘発事案だけでなく、関係大使館・領事館・NGOなどとも連絡をとりながら被害者の現状を把握する必要があることを指摘した。

*13　TVPAについては前掲*9参照。人身取引報告書は米国務省のウェブサイト<http://www.state.gov/g/tip/>、和訳は在日米国大使館のウェブサイト<http://www.japan.usembassy.gov/j/p/tpj-j20060606-50.html>、常に適正な評価がなされているとはかぎ

らないが、指標としての価値はある。
*14　法務省刑事局・入管局、警察庁生活安全局、厚生労働省雇用均等・児童家庭局、外務省国際社会協力部組織犯罪対策室、内閣官房（調整役）で構成。後に、内閣府男女共同参画局、法務省人権擁護局、外務省領事局も参加。
*15　内閣官房ウェブサイト<http://www.cas.go.jp/jp/seisaku/jinsin/kettei/041207/keikaku.html>。
*16　拙稿「日本における人身取引の課題」アジア太平洋人権レビュー2006（ヒューライツ大阪、現代人文社）を参照。
*17　法務省入管局ウェブサイト<http://www.immi-moj.go.jp/zinsin/>。原則として在留資格「特定活動」が許可される。
*18　厚生労働省雇用均等・児童家庭局家庭福祉課長「婦人相談所における人身取引被害者への対応について」（平成16年8月16日雇児福発816001号）、警察庁生活安全局生活環境課長「人身取引被害者の取扱いについて」（平成16年8月16日警察庁丁生環発226号）、その後さらに、同課長「人身取引被害者の一時保護の委託について」（平成17年4月1日雇児福発401001号）なども発せられている。
*19　もっとも厚生労働省は「一時保護の期間は原則2週間に限定せず事案に応じて弾力的に対応する」とも説明するが、被害者はただ滞在できればよいというのではなく、衣食住の提供以外の積極的回復プログラムがまったくないことも問題である。そもそも「人身取引対策行動計画」には「一時保護」についての記載はあるが、その後どうするかについての記載はなく、被害者の回復に必要な施策は帰国後に当該政府の主導の下に行うことが予定されている。
*20　厚生省（当時）は「生活保護法における外国人の取り扱いに関する件」（昭和25年6月19日社乙初92号）と「生活に困窮する外国人に対する生活保護の措置について」（昭和29年5月8日社発382号）を発し、各自治体の判断の下、事実上、外国人に対し生活保護法が準用されてきた。ところが1989年の入管法改正を受け、1990年10月、厚生省（当時）主催生活保護指導職員ブロック会議において「昭和29年通知にいう生活保護法準用対象となる外国人は、入管法別表第二に記載の者（永住者、日本人の配偶者等、永住者の配偶者、定住者）に限られる」との口頭指示がなされ、以後、この口答指示による運用がなされている。
*21　無料低額診療事業とは、社会福祉法2条3号に基づき、生活保護受給者及び無料又は低額診療（10％以上の減免）を受けた患者延数が取扱患者延数の10％以上であること等の要件を満たした病院または診療所に対し、「第2種社会福祉事業」として税額控除を行うもの。この事業を行う医療機関は全国に232カ所ある（2003年厚生労働省統計）。
*22　「興行」にかかる基準省令（入管法7条1項2号の基準を定める法務省令）の改正

は2度にわたり行われた。2005年2月の改正では、当該外国人が「外国の国、地方公共団体又はこれらに準ずる公私の機関が認定した資格を有する」からといって上陸することはできなくなった。2006年3月の改正では、外国人芸能人と興行にかかる契約を締結する機関の経営者・常勤職員の適格要件を厳格化し、報酬支払いの確保を明文化する等した。

*23　警察等が女性達を発見した時点で、物理的監禁状態にあったり暴行の痕が明白であった場合、あるいは未成年者であった場合は、「被害者」であると判断されやすいと思われるが、そうでない場合は現場の警察官の判断に大きく左右される。

【参考文献】
・「特集2：人身売買の根絶を目指して」自由と正義56巻12号（2005年12月）
・日弁連両性の平等に関する委員会主催シンポジウム「人身売買受入大国ニッポンの責任－被害者保護支援の施策と被害者保護」（2005年3月）基調報告書およびその引用文献・参考文献（2005年2月現在の状況をまとめている）
・日本弁護士連合会「人身取引の被害者保護・支援等に関する法整備に対する提言」2004年11月19日

吉田容子（京都弁護士会）

障害者権利条約成立の背景と意義

1　はじめに

　国際連合が設立された後、国際社会は障害のある人々が保護の客体から権利の主体として認められるよう法的地位の向上のために努力し、国連を中心として、社会の一員として「完全参加と平等」を実現すべく、具体的な取組みを展開してきた。そのようななかで2001年国連総会で障害者権利条約制定の動きが芽生え、急ピッチで制定に向けた動きが始まり、2006年12月13日ついに第61回総会において「障害者の人権及び尊厳を保護・促進するための包括的総合的国際条約」（以下、「障害者権利条約」）が採択された。
　この権利条約が採択されるまでの過程で、障害のある人々に関わる国際規範がどのような変遷を経てきたかを概観し、今回採択された障害者権利条約の概要を紹介し、今後の展望を試みることとする。

2　障害者の人権に関する国際規範の発展の経緯

　障害者の人権問題に関する国連における検討は、1950年、国連の経済社会理事会で、「身体障害者の社会リハビリテーション」という理事会決議が採択されたのが最初である。これは、第2次世界大戦により世界中で生き残った多くの兵士が心身に障害を負い、あるいは一般市民も空爆などで心身に障害を負ったが、戦争が終結して戦後復興に動き始めるにあたって、これら多くの戦傷病者の社会復帰が国際的に緊急の課題となったからだと推察される。
　1965年、同理事会決議では、リハビリテーション・サービスの調整、とりわけ要員の養成・訓練、開発途上国への配慮、社会計画の一部としての障害者への基本的サービスの設定と拡大を、国連、専門機関、NGOに求めている。
　国連総会で初めて具体的なかたちとしてまとまったのは、「知的障害者の権利に関する宣言」（国連総会決議2856〔1971年12月20日第26回総会〕）が最初である。この宣言は7項目の権利宣言を明示している。その第1項は「知的障害者は『最大限実行可能な限り(to the maximum degree of feasibility)』、他の人々

と同じ権利を有している」という表現にとどまっているものの、国際社会が障害者の社会的地位に目を向け始めたことの意義は大きい。

その後、「障害者（Disabled Persons）の権利宣言」（国連総会決議3447〔1975年12月9日第30回総会〕）が採択されている。この宣言では13項目の権利宣言がなされており、その第2項には「障害者はこの宣言に示されたあらゆる権利を享受できるものとする。これらの権利はいかなる例外もなく、また人種、皮膚の色、性、言語、宗教、政治的若しくはその他の見解、出身国あるいは社会的出自、経済状態、出生、または障害者自身若しくはその家族が置かれている何らかの他の状況に基づく区別ないしは差別なく、あらゆる障害者に与えられるものとする」と規定されている。そして、翌年の総会では、あらゆる加盟国が、政策、立案、計画を設定する際に、この権利宣言に示された権利および原則を考慮すべきであることを勧告している。

1976年、第31回国連総会で、「1981年を国連障害者年とすること。その目標テーマを『完全参加と平等』とすること」が採択された。そして1983年から1992年までを「国連・障害者の10年」とし、あらゆる加盟国が障害者の「完全参加と平等」という目標のもとに取り組むこととなった。

1993年、第48回国連総会で、「障害のある人々（Persons with Disabilities）[*1]の機会均等化に関する基準規則（Standard Rules）」が採択され、加盟各国に、障害に関する国家計画の作成に際し、この基準規則を適用することを要請し、事務総長がこの基準規則の実施を促進し、第50会期で報告することとされた。

また、社会権規約委員会の一般的意見5（1994年）5項で、以下のとおり、社会権規約2条2項の平等条項に関し「障害を理由とする差別」も同様に許されないという解釈を示している。

「規約は、障害をもった人に明示的に言及していない。しかし、世界人権宣言は、すべての人間は尊厳及び権利において自由かつ平等に生まれることを認めまた、規約の規定は社会のすべての構成員に完全に適用されるのであるから、障害をもった人は明らかに、規約で認められた権利の全範囲に対する権利を有している。加えて、特別の扱いが必要な限りにおいて、締約国が、その利用可能な資源を最大限に用いて、規約に定められた権利の享受という観点から、それらの人々がその障害から生ずる不利益を克服することができるよう適当な措置を取ることが要求される。さらに、『規定された』権利が一定の具体的に述べられ

た事由又は『その他の地位』による『いかなる差別もなしに行使される』という規約第２条２項に含まれた要求は、明らかに、障害に基づく差別にも適用される」。

　この一般的意見は、障害のある人々の権利主体性を確認しつつ、その人権享有のための特別な配慮を締約国に求めている。この締約国への「要求」が政治的要請にとどまるのか、国際法上の義務なのかといえば、この段階では前者といわざるをえないものと思われる。ただ、全体としての差別禁止規範の対象として障害のある人々が含まれることの指摘は争いないものである。社会権規約委員会の一般的意見を「公権的解釈」（締約国を拘束する解釈）と解釈してよいか否かについては議論が分かれるが、社会権規約委員会の一般的意見24（1994年）では「委員会の役割は必然的に規約の条項を解釈し解釈論を発展させることを伴うので、委員会の解釈権限を否認する留保は許されない」（11項）としており、自由権規約委員会のシャネ委員長は日本政府の第４回定期報告書の審査の席で「委員会の解釈と異なる規約の解釈は認められない」と明言していることから、その解釈は各締約国を拘束するものというべきである。

　1999年に制定された「障害のある人に対するあらゆる形態の差別の撤廃に関する米州条約」１条２項は、次のように規定している。

「第１条第２項　障害のある人に対する差別
　a）　『障害のある人に対する差別』とは現在であれ、過去であれ、障害に基づく全ての区別、排除または制限、障害の経歴、以前の障害からもたらされた状態、もしくは障害の認識であって、障害のある人が自らの人権と基本的自由を認識し、享受し、又は行使することを害し、又は無効にする効果又は目的を有するものをいう。
　b）　障害のある人の社会統合、個人的発達促進のために締約国が採用する区別、優遇は差別とならない。ただし、区別、優遇がそれ自体で、障害のある人の平等への権利を制限せず、障害のある個人がそのような区別、優遇を受け入れるよう、強制されないことを条件とする。締約国の国内法で、本人の福利のために必要かつ適切な時、ある人が法的に無能力者であると宣言されうる場合、そのような宣言は差別ではない」。

　b）は、いわゆる「アファーマティブ・アクション（優遇政策）」が障害のない人に対する「逆差別である」との批判を意識した規定といえる。しかし、すでに1990年にアメリカでは、全国的な障害のある人々の運動を背景に、社会の側に

「合理的配慮義務（reasonable accommodation）」を課したアメリカ障害者差別禁止法（Americans with Disabilities Act: ADA）が制定されているにもかかわらず、この条約では規定されなかった。これは、米州機構加盟各国が、自己の負担において障害のある人々を受け入れることについて未だ了解していないことを示している。

3　障害者権利条約の策定に向けた作業の経過

　2001年12月、第56回国連総会で、「障害者の人権及び尊厳を保護・促進するための包括的総合的な国際条約に関する決議案」が採択され、上記国際条約に関する諸提案について検討するため、すべての国連加盟国および国連オブザーバーに開かれた「アドホック委員会」の設置、第57回総会までに作業日10日間の会合を最低1回開催することなどが決定された。この決定に従い、2002年7月29日から第1回アドホック委員会が開催され、以後、第2回（2003年6月）、第3回（2004年5月）、第4回（2004年8月）、第5回（2005年1月）、第6回（2005年8月）、第7回（2006年1月）、第8回（2006年12月）が開催された。

　第3回委員会では、全25条からなる「障害者の権利条約草案」が叩き台として上程され、以後この検討が進められた。この条約の規範として最も注目されるのは、「合理的配慮（合理的便宜）」に関する条項である。これは、権利条約草案3条（定義）、7条（平等と非差別）、17条（教育）、22条（労働の権利）において規定されている。この草案7条4項によれば、合理的配慮は、「障害のある人がすべての人権及び基本的自由を平等な立場で享有し及び行使することを保障するための必要かつ適当な変更及び調整と定義され」ており、アメリカ障害者差別禁止法やEC指令（2000/78/EC）、社会権規約委員会一般的意見5などに明記されている概念であり、イギリス障害者差別禁止法（Disability Discrimination Act: DDA）では「合理的調整（reasonable adjustment）」といわれている。この合理的配慮が条約上の義務として規定され、この配慮義務に違反して放置することは差別（違法）であると規定されれば、この条約を根拠に司法的救済を受けることになるのであり、この条約の論議は今後の日本の障害者差別に関する司法的解決に大きな影響を与えるものといえる。

　第4回委員会では、ジェラルド・クイン（リハビリテーション・インターナショナルの中心メンバーで、作業部会の草案作成に関わる）から、ネガティブに差別を

禁止するだけでなく、差別する側に合理的配慮を課すことが障害者の主流化を促すということ、ポジティブ・アクション（積極的是正措置）とリーゾナブル・アコモデーション（合理的配慮）の相違などについて説明がされ、次いでバーバラ・マレイ（ILO）が、国際労働基準における機会均等・平等・非差別の重要性を述べ、公・私セクターの雇用主の義務として社会的バリアを除き、個人が環境へ対応するために合理的配慮が求められること、また合理的配慮について厳密な定義が必要であることなどを述べている（民主党派遣団報告より）。

4　障害者権利条約の成立

(1)　障害者の権利条約における差別の定義

　第61回国連総会で採択された障害者の権利条約は、「締約国はすべての人が法律の前及び下において平等であり、かつ、いかなる差別もなしに法律の平等な保護及び利益を受ける権利を有することを認める」（5条1項）、「締約国は、障害に基づくあらゆる差別を禁止するものとし、また、障害のある人に対していかなる理由による差別に対しても平等のかつ効果的な保護を保障する」（同条2項）と規定し、障害に基づく差別を受けない権利の存在を確認している。

　この条約において、「障害に基づく差別」についての定義としては、「障害に基づくあらゆる区別、排除又は制限であって、政治的、経済的、社会的、文化的、市民的その他のいかなる分野においても、他の者との平等を基礎としてすべての人権及び基本的自由を認識し、享有し又は行使することを害し又は無効にする目的又は効果を有するもの」（2条）をいうとした。「差別的効果を有するもの」も差別にあたるということは、差別を意図しないものであっても差別的効果を有する以上は差別と扱うことになることを明らかにしている。

　さらに、「障害に基づく差別には、あらゆる形態の差別（合理的配慮の否定を含む）を含む」（2条）として、異なる取扱い（区別）だけではなく、合理的配慮がなされない場合も差別であることを明言している。そもそも、この条約は、人として保障されている多くの権利が障害ゆえに障害のある人には保障されず、不平等な状況にあるという現実を前提に、どうしたら他の人と実質的に平等な地位を確保できるかという視点から、あらゆる場面、あらゆる権利の享有における差別を禁止しようとするものである。これがこの条約の基本的なコンセプトとなっており、定義においても明らかであるが、総論のみならず各論全般にわたって、そ

の趣旨が貫かれているのである。

(2) **この条約を国内で実施する義務**

　この条約は、条約上認められた他の権利とともに、以上に述べた差別を受けない権利を保障するために、締約国は「この条約において認められる権利を実施するためにすべての適当な立法措置、行政措置その他の措置をとること」（4条1項(a)）、「障害のある人に対する差別となる既存の法律、規則、慣習及び慣行を修正し又は廃止するためのすべての適当な措置（立法を含む。）をとること」（同項(b)）、さらに、「あらゆる人、機関又は民間企業による障害に基づく差別を撤廃するためのすべての適当な措置をとること」（同項(e)）を義務づけたのである。そして、重要なのは、この非差別に関わる権利が市民的・政治的権利に関わるものであるため、即時的（同条2項の前提）に実施することが求められている点である。

5　障害者権利条約と国内法整備

(1) **日本の国内法の現状**

　現在の日本において、障害のある人々の人権に関する法としては、身体障害者福祉法、知的障害者福祉法、精神障害者保健福祉に関する法律といった福祉サービスの対象、内容などを定めた法律がある。しかし、そのほかには障害者基本法しかない。障害者基本法は1993年に、それまでの「心身障害者対策基本法」の改正に際して、法律の名称変更がなされ、国連が提唱する「完全参加と平等」を実現するという目的を明示したもので、国や地方公共団体に障害者基本計画の策定を義務づけ（地方公共団体は努力義務）、事業者に対する努力義務を定めている。

　しかし、個々の障害のある人々が日常生活の中で障害を理由として差別を受けるなど人権侵害を受けた場合に、裁判所において、この障害者基本法を根拠に救済されることはない。これまで個々の障害者の差別事例が争われた裁判でも、裁判所はいずれも障害者基本法の裁判規範性を否定している。たとえば、JR西日本管内の高架駅にエレベーターが設置されていないために車椅子利用の乗客が鉄道利用を阻害されており、障害者基本法に違反するとしてJR西日本を訴えた裁判で、「障害者基本法は、国や地方自治体の施策実施に際しての指針や理念を示したものに過ぎず、国民に具体的な権利を保障したものではない」とし

て障害者基本法の裁判規範性を否定した（大阪地判平11・3・11、大阪高判平12・1・21〔控訴審〕）。

　また、トイレ付き車両を連結しながらそのトイレが車椅子仕様になっていないことは障害者基本法に違反すると主張してJR東日本を訴えた裁判でも、同趣旨の解釈を示したうえで「被告JRは障害者にも利用しやすい車両の設置等の努力を行なってきたことが認められるが、今後もその努力を継続することが期待される。……鉄道事業者に対し、障害者の利用を可能にするための具体的な施策の実施を義務付け、あるいは被告国にその指導を義務付けるだけの法律上の根拠は見出しがたいといわざるを得ない」として、JR東日本に対する慰謝料請求を認めなかった（東京地判平13・7・23、東京高判平14・3・28〔控訴審〕、上告棄却）。

　また、上記裁判例では、いずれも障害を理由として差別されたとして、憲法14条の「法の下の平等」条項違反を主張したが、裁判所は「憲法14条は……人の現実の差異に着目して積極的にその格差の是正を行なうことまでも保障したものではない。そして、現実に存在する差異のうちどの差異についてどのような対策を講じ、いかなる程度まで実質的平等を実現するかは、具体的な立法に委ねられている」と判示した（上記東京高判）。

　2004年、障害者基本法は改正され、次のような差別禁止条項が加えられた。「何人も障害者に対して、障害を理由として、差別することその他権利利益を侵害する行為をしてはならない」（3条3項）。また国、地方公共団体に対し差別防止を図る責務が明記された（4条）。これは国内法整備の視点から一歩前進と評価できるが、基本法の改正にとどまるものであり、上記裁判所の解釈を前提とするかぎりは、個別の差別事案について、この条項に違反するとして司法的救済を得ることはできない[*2]。

(2)　差別禁止法制定に向けた取組み

　したがって、現時点においても、障害のある人々に対する救済として具体的な差別状況の是正を求める方法としては、一定の範囲で救済（改善）を義務づけた内容の新たな法律を制定するしかないことになる。そして、このような司法的救済が可能となる法律として、アメリカ障害者差別禁止法やイギリス障害者差別禁止法が制定されていることから、2002年頃からこれらを参考に日本においても「障害者差別禁止法」の制定を求める運動が展開されるようになり、障害者

団体が独自に法案を公表した。

　2004年10月、全国の障害者関連の主だった11団体が集まり、「日本障害フォーラム（JDF）」が発足したことにより、障害者権利条約の制定および国内での障害者差別禁止法の制定に向けた障害者自身の足並みが揃ったといえる。また、日弁連人権擁護委員会「障害のある人々の差別を禁止する法律の制定に関する調査研究委員会」においても試案が検討され[*3]、その後、同委員会が主催して障害者団体との意見交換会、シンポジウム、国会議員を対象とした学習会などを企画し、2006年10月、日弁連理事会において「障がいのある人々の差別を禁止する法律（要綱案）」が承認されるに至った。

　さらに2006年10月、千葉県で「障害のある人もない人も共に暮らしやすい千葉県づくり条例」が制定された（2007年7月1日施行予定）。この条例の中で障害のある人に対する差別が禁止され、差別行為に対しては地域相談員を通じて調整委員会に調査を求め、調整委員会は知事に救済のための助言とあっせんを求めることができることとされた。個々の差別事例に対して具体的な救済手続を定めた最初の国内法規として大きな意義がある。今後、この千葉県条例を参考に他の都道府県でも制定されることが望まれる。

(3) 障害者権利条約の成立と国内法の整備

　障害者差別禁止法の制定を求める取組みは、障害者団体や日弁連などにより積極的に取り組まれてきたが、具体的に国会内において立法化の動きを促進するまでには至っていない。ただ、この法律の制定に向けた戦略として、今回成立した「障害者権利条約」の中に差別禁止条項が盛り込まれており、とくに前述した「合理的配慮義務」が盛り込まれていることから、この条約の批准審議とともに国内法整備の審議が政治スケジュールに上ることになり、日本国内での差別禁止法制定のためには大きなチャンスを迎えたといえる。

　つまり、国際条約として差別禁止規定、あるいは社会参加の前提となる環境整備を求める権利を定めた規範が定立され、日本政府がこの条約を批准することにより「差別禁止規範」が国内規範として取り込まれ、この条約に沿った国内法の整備が推進されることになるからである。いわゆる「外圧による日本の人権レベルの引上げ作戦」である。

*1　「障害者」の国連における英訳は、従来は「Disabled Person」であった。しかし、障害

者自身から「われわれはまず人として扱われたい」との声があり、英語の語順を変更して「Person with Disability」を使うようになり、国連もこの表記を受け入れ、社会権規約委員会の一般的意見5の4項では、「基準規則でとられている方法に従い、この一般的意見は、『障害者(disabled persons)』という古い語よりも、『障害をもった人(persons with disabilites)』という語を用いる。『障害者』の語は、人として機能する個人の能力が障害を受けているということを含意するものと誤解されうる、ということが示唆されている」とした。

*2　障害者基本法改正にあたって附帯決議がなされ、「障害者に対する障害を理由とする差別や権利侵害が行われた場合の、迅速かつ効果的な救済のために必要な措置を検討すること」とされた。これは、まさに裁判規範性を有する差別禁止法の制定の必要性を訴えているものと理解できる。

*3　日弁連人権擁護委員会編『障害のある人々の差別を禁止する法律の制定をめざして』(明石書店、2002年)、同『当事者が作る障害者差別禁止法』(現代書館、2002年)参照。

【参考文献】

注に掲げたもののほか、以下を参照。
・財団法人アジア・太平洋人権情報センター編『アジア・太平洋人権レビュー2003―障害者の権利』(現代人文社、2003年)
・長瀬修・川島聡編著『障害者の権利条約―国連作業部会草案』(明石書店、2004年)
・「障害者の権利条約策定過程とNGOを通じた障害者の参画―障害学(ディスアビリティスタディーズ)的観点から」国際人権16号(2005年)8～17頁

池田直樹(大阪弁護士会)

移住労働者の権利条約を日本から眺める

1　はじめに

「すべての移住労働者及びその家族構成員の権利の保護に関する国際条約」（以下、「移住労働者の権利条約」あるいは単に「権利条約」）の存在を知っている人が、日本にどれほどいるだろうか。外国籍市民に関わる施策の実務を担当している地方公務員、国家公務員または法曹関係者等ですら、この条約について名前だけでも知っていると答えられる人はきわめて少数である。多くの人にとって未知であるこの条約には、なかなか関心が集まらない。また、未知であるがゆえに、さらに国際人権法のなかでも片隅に追いやられてしまっているのが現状である。

本稿では、日本の現状から、移住労働者の権利条約がどのような力を持っているのか、検討したいと思う。

2　条約の採択の経緯と現状

権利条約の制定までの道のりは非常に長く、厳しいものがあった。条約の起草が決まってから採択されるまでに要した時間は10年を超えるものだった。

むろん、国際的な枠組みで移住労働者の権利保障に関する議論は古くからあった。ILO（国際労働機関）では、1939年の移民労働者条約（第66号）が採択されており、その後、この条約を改正、補完するかたちで1949年の「移住労働者（改正）条約」（第97号）、1975年の「移住労働者（補足規定）条約」（第143号）と条約を補強し続けていった。なかでも第143号条約では、正規の在留資格を持たない資格外移住労働者の権利保護についても規定を設けるなど、移住労働者権利条約の成立に密接な関わりを持っている。

国連本体では、1973年に国連経済社会理事会が差別防止少数者保護小委員会に外国人住民の権利保護を調査する権限を付与し、翌年に同小委が特別報告者を任命、1978年に報告書が提出され、人権宣言の作成が勧告された。そして、議論と修正を重ね、1985年に「在住する国の国民でない個人の人権に関す

る宣言（外国人の人権宣言）」が国連総会で決議された。しかし、それは合法的な移住労働者の権利を規定するにとどまり、さらに法的な拘束力がないことが確認されるなど、それまでに存在する他の人権条約からしてもそう目新しいものではなく、各国間の利害と妥協の産物に過ぎなかった。そこで、宣言の作成が決まったと同時期に宣言にとどまらない条約の起草の必要性があるとの議論が浮上し、権利条約の起草を国連総会が決議し、起草作業部会が1979年に設置された。その後、国連総会第三委員会での議論を経て、権利条約が成立したのは1990年12月18日のことであった。それまでにすでに10年が経っていた。

　権利条約が成立したものの、条約が発効するためには20カ国の批准が必要であった。当初、発効までにはそれほど長期間はかからないと思われていたのが、発効までに実に約13年の時間を要し、2003年7月1日にようやく発効した。条約の発効後、さっそく、条約の監視機関である「すべての移住労働者とその家族の権利保護に関する委員会（CMW）」が組織された。現在、36カ国が批准、加入ないし加盟しており、また15カ国が署名を済ませている（2007年2月27日現在）。その大部分は移住労働者の送出国で、移住労働者の受入国の参加は非常に少ない。しかしながら、移住労働者の受入国や、移住労働の受入れと送出し双方を行っている国の参加も徐々に増えてきており、そうした国々での経験がこの条約の監視機関でどのように共有されていくのかが今後、期待される。

3　移住労働者の権利条約の意義と限界

　移住労働者の権利条約は、成立までに10年の時間がかかったことからもわかるように、各国の利害関係が複雑に交錯し、残念ながら移住労働者の権利の完全保障という最高の到達点には至っていない。とりわけ、移住女性の割合の多い日本の現状からすると、移住女性に対する複合的な差別（女性であり、居住国の国籍を持たないことなど複合的要因から生じる差別）の根絶ないし保護に関する特別の規定がまったくないなど、ジェンダーの視点が欠如してしまっていることは非常に残念である。

　しかし、それでも本条約は、正規の在留資格を持たないなどの資格外労働者の権利保護、とりわけ搾取などの劣悪な状況からの保護を当初から念頭に置いた条約である点については、画期的な条約といえる。当然、これまでも世界人権宣言や国際人権規約、人種差別撤廃条約などの趣旨において、すべての移住労

働者の基本的人権が十分に保障されていたし、ILO第143号条約においては資格外労働者の基本的人権の保障についても定義されていたが、いずれも一般的な原則であったため、実効性という観点からは十分ではなかった。本条約において、資格外労働者の権利について詳細にわたって定義されたことが、なによりの意義といえる。

4　移住労働者の権利条約の主要点

(1)　資格外労働者も含むすべての移住労働者の権利保障

　93条にのぼる条文のなかで最も大切な条項は、第2部の7条である。ここでは、「すべての」移住労働者に対する権利保障を謳っている。そしてそれを前提に、第3部において、9条で「すべての」移住労働者の生命権を法によって保護することを求め、24条において「すべての」移住労働者が法律の前に人として認められる権利を有していると宣言したうえで、自由権・社会権を包括的に保障している。

　なかでも、可能なかぎりすべての移住労働者に自国民に対するものと同程度の社会保障の確保を求めている27条、とりわけ緊急医療に関する医療を受ける権利の絶対的保障を求めている28条は特筆すべき条項であろう。そして、29条および30条では氏名、出生の登録、国籍に関する権利および教育を受ける権利など、子どもの権利に言及し、31条では移住労働者とその家族の文化的独自性の尊重を確保することを求め、33条では移住労働者に認められる権利などの必要な情報を可能なかぎり理解できる言語で提供することを求めるなど、本条約においては移住労働者に対する権利保障がきめ細かく定められている。

　これらの条項の対象者は前述したように「すべての」移住労働者であるが、条約の前文において、「移住に伴う人的問題は、非正規移住の場合にさらに深刻であることを念頭におき、……非正規な地位にある労働者が、しばしばその他の労働者よりも不利な条件で雇用されていること、及び、ある種の雇用者は、不公正競争の利益を得るためにかかる労働力を求める誘因をこのことに見いだしていることを考慮し」て、資格外労働者に対してより強い人道的な配慮を求めていることからも、本条約が資格外労働者の権利保障を重視していることは間違いない。

　日本政府が、資格外労働者を「犯罪の温床」と断定し、その排除をもって国民が安心して暮らしていけるような社会づくり（「犯罪に強い社会の実現のための行動計画」犯罪対策閣僚会議・2003年12月）をめざしていることとは、まったく

正反対である。本条約の批准によって、このような姿勢こそが第一に改められるだろう。

(2) 資格外労働者の権利および合法化措置の検討 (69条)

本条約の最大の目玉であり、それゆえに日本が本条約の批准を拒む最大の理由とされているのが、69条において規定されている、資格外労働者の合法化措置、いわゆる「アムネスティ」の実施である。

日本政府は、集団的な合法化としてのアムネスティ施策には相当な嫌悪感をもっている。そのため、在留資格を持たない外国人の合法化に関しては、出入国管理及び難民認定法（以下、「入管法」）50条に定められている在留特別許可を用い、個々の事案を総合的に審査して、法務大臣の恩恵的措置として個別的に対応している。しかし、その判断基準はないという。したがって、移住労働者の権利を保障するという制度にはなっていない。

本条約においても、69条1項で「締約国は、その領域内に非正規の状態にある移住労働者及びその家族構成員がいる場合には、かかる状態が持続しないように確保するため適当な措置をとらなければならない」、同条2項で「正規化の可能性を考慮するときはいつでも、……とりわけ彼らの家族の状態に関する要因に適当な考慮を払わなければならない」としているだけで、合法化の実施に対して、即時的拘束力を持つ内容とはなっていない。同条1項の「適当な措置」に関して、何が適当かは、他の条項とあわせ、また、これまでに合意されている国際人権条約等とあわせて検討されなければならない。その第一の壁が本条約自体にある。35条において、「この条約のこの部のいかなる規定も、非正規の地位にある移住労働者及びその家族構成員の地位を正規化すること、又は、その地位の正規化に対する権利を意味するものと解釈されてはなら」ないと規定されているからだ。それでも、この条約が重い扉の小さな鍵穴となるだろう。

(3) 立法措置を含む施策の立案および実施 (65条・84条)

本条約84条は、締約国に権利の実現を保障するための立法措置およびその他の措置をとることを求めている。また、65条(a)では、移住に関する政策の立案および実施を確保することを求めている。日本においては、移住に関する政策が欠如しているため、ないし、半ば意図的に政策を検討せずに、移住労働者としては正式に受け入れず、日本社会との血のつながりを中心とした受入れや研修、そして資格外労働者というかたちでサイドドア（勝手口）ないしバックドア（裏口）

からしか外国人労働者を受け入れていないが、この姿勢が条約によって明確に否定されることとなる。現状に見合ったかたちでの政策の立案が求められる。

また、現在の日本では、憲法上、権利の性質上もっぱら国民を対象としたもの以外は外国人に対しても保障されるとしているが、あくまでもそれは解釈に過ぎず、明文での権利保障はなされていない。さらには、外国人の人権は、あくまで「在留資格制度の枠内で保障されているに過ぎない」とする有名なマクリーン判決（最大判昭53・10・4民集32巻7号1223頁等）が存在する。このような状況のなかで必要とされるのが、外国人の人権基本法だろう。まず、条約に定められている権利、救済システム等が本条約7条に規定されているとおり、差別なく、すべての移住労働者に完全に保障されるよう、権利の保障、差別の禁止、そして、権利侵害からの救済システム等を包括的に定めた立法措置が求められる。

(4) 在留および送還、身体の拘束に関する配慮（16～23条・49～51条・56条・63条・67条）

次に本条約の特徴として挙げられるのは、移住労働者と家族に特有の状況および人権侵害からの保護が求められている点である。とりわけ肝要なのが、送還が最大の人権の制限ないし人権侵害事実の抹消となりうるため、移住労働者やその家族の在留および送還に際して一定の権利を定め、締約国の主権を侵害しない範囲内での配慮を求めている点である。また、移住労働者の人権侵害は身体の拘束時に生じやすいことから、拘束時の権利について詳細にわたって規定している（16～23条）。

身体の拘束時に関する権利に関しては、自由権規約や拷問等禁止条約などで規定されているほか、契約の履行と在留に関する権利に関しても自由権規約で規定されている。しかしながら、本条約では、就労の状態と在留が密接な関係性を持つことから、とりわけ詳細に規定がなされている（49～51条）。そして、就業国に対して、移住労働者とその家族の就業国における定住性等を十分に配慮するよう規定しているが（51条・56条）、現在、日本では、どのような場合にどのような配慮をするかは法務大臣の裁量に委ねられており、入管法上、明文の規定はない。本条約が求めているものは、通常の状態での在留に関してより、むしろ何かイレギュラーな状態が生じた際の人道的な観点からの配慮であり、それを明らかにする必要がある。日本の出入国管理システムが見直されるとしたら、まさしくこうした点にある。

(5) 情報へのアクセスと提供義務（33条・37条・65条）

　移住労働者と家族にとっては、とりわけ、言語の問題などから自らの諸権利に関する情報へのアクセスが非常に困難となる。そのため、理解できる言語での情報提供が求められている（33条・37条・65条）。また、当然のことではあるが、本条約に列挙されている権利についても、十分な情報の提供を求めている（33条1項(a)）。

　現在、日本では、行政情報などの多言語化が徐々にではあるが進んでいる。しかし、多言語化された情報を移住労働者とその家族に伝達するための効果的な手段が検討されず、事実上、情報へのアクセスが阻害されている状況にある。情報へのアクセスが、人権侵害からの救済を求めるにあたって非常に大切な要素となることからしても、本条約に定める権利保障の要となりうる。

(6) 社会参加の促進（42条・43条）

　移住労働者とその家族の権利は、恩恵的に付与するだけでは不十分である。肝要なのは、彼／彼女たちが社会の中でどのような存在であるかということだ。市民権を持たない単なる外国籍保持者として扱うことは本条約では許されない。本条約42条では、国内法に従うという制約をつけながらも、地域社会の生活・運営等について十分な協議および参加を促進することを求めている。つまり、地方自治に関しては、運営に参加する権利の付与を積極的に求めているのである。その一方で国政については、42条3項において、国内法で認めることはできると一歩下がった消極的な要求となっている。

　現在、日本では永住外国人に対する参政権の付与に関する議論がなされているが、本条約で求めているものは、永住外国人にとどまらず、移住労働者、つまり定住外国人にまで権利の幅を拡げ、場合によっては一時滞在者に権利を付与することも検討課題とされている。

　また、43条では、社会生活全般について、とりわけ教育事業・職業訓練・職業紹介・住居・社会事業・文化活動等について、内外人平等の原則を締約国に要求している。そして、単なる機会の平等にとどまらない、実質的な平等を43条3項において求めている。

　このように、移住労働者とその家族を単なる滞在者として捉えるのでなく、社会の構成員として捉え、社会への積極的な参加を通じて、彼／彼女たちが社会のメイン・アクターとして運営に参加することを保障し、促進することによって権

利保障をより実質的かつ確固たるものとしようとしているところに、本条約の精神が具現化されている。

　日本では、地方自治体においては、外国籍市民代表者会議等によって、外国籍市民の声を自治体運営に反映させようという取組みが徐々に広がりつつある。ただ、その多くも外国籍市民の声を反映させるための仕組みとしては十分に機能しているとはいえず、声を聴き置いた程度のものとなっている。また、こうした会議での協議と権利としての参政権は性質が異なるものであるから、移住労働者にも参政権を認めたうえで、より細かな運営に関し、このような会議で議論を深め、施策を実施できるようにしていくことが求められている。

(7)　文化的独自性の尊重（31条）

　移住労働者とその家族は、しばしば受入国社会の中で自らの文化を実践することや文化的価値観に基づき行動することを否定される。つまりは、「郷に入れば、郷に従え」との一言ですべてが一蹴されることとなる。移住労働者とその家族を社会の構成員として受け入れることは、彼／彼女たちの文化的背景も含めて受け入れることであり、その実践が妨げられることがあってはならない。そうした実践が移住労働者とその家族の受入国における従来の文化的実践と相まってさらに豊かな文化が生まれていくことは、これまで人類が大いに経験しているところである。そのような文化の豊富化をより促進させることによって、より成熟した社会が築き上げられていくのである。

　日本政府は、そうした文化的独自性の尊重は憲法で保障されているとしているほか、たとえば学校教育においては、「学校教育法第1条に規定する学校に通う在日外国人に対し、課外において、当該国の言葉や文化を学習する機会を提供することは従来から差し支えない」（人種差別撤廃条約第1回・第2回定期報告書84項）としているだけで、なんらかの施策を具体化する姿勢はまったくない。

　本条約は、31条2項において、権利として保障するのみでなく、文化的独自性が十分に確保できるような具体的な施策の立案・実施、さらにはその促進を求めており、現在の日本政府の対応が本条約に反することはいうまでもない。

(8)　就労に関する権利の保障（25条・36条・52〜55条・57〜63条）

　本条約は、その主な対象を移住「労働者」としているとおり、列挙されている権利のなかでも就労に関する権利が重要な意味を持つことはいうまでもない。また、本条約では、前述のとおり、移住労働者特有の問題として就労に関する問

題が在留に関する資格に直接的な影響を与えることから、在留に関する配慮が規定されている。

　日本では、労働基準法および職業安定法には、国籍等に関する差別を禁止する条項が盛り込まれている。それにもかかわらず、相変わらず賃金の未払いや労災隠しが後を絶たない。また、大手の製造業の工場において、大企業が直接に移住労働者を雇用するのでなく、工場内の下請企業に移住労働者を雇用させ、雇用の調整弁として移住労働者が使われていることや、資格外労働者の雇用なしには産業がもたないことは周知の事実と化している。

　このように、本条約の中核的な規定に日本の状況がまったく合致していない状態が続いている。ただし、本条約に関して残念なことは、移住労働者の労働安全等に関する規定が一切ないことである。少なくとも、就業規則や労働安全に関する訓練や規則などは、その者の理解できる言語・手法で周知することなども、締約国および雇用主の義務として本条約にも盛り込む必要があるのではないだろうか。本条約に明文の規定がなくとも、本条約に規定されている権利を総合的に解釈し、実質的な措置が当然にとられるべきであるといえる。

(9)　新たな社会システムの構築（27条・32条・46～48条）

　本条約の特色として、社会保障、財産の移動、関税、送金や課税など、国境を越えた人の移動に関する新しい権利および社会システムの構築について規定されていることが挙げられる。

　社会保障に関しては、これまで日本は、イギリス、ドイツなどと協定の締結を済ませているものの、諸外国に比べ締結国数は圧倒的に少ない。年金に関しては、日本に永住せずに帰国を望むにしても最大で掛け金の3年分しか返還の対象とならないなど、取組みが非常に遅れている。そのため、メリットがないどころか、かなりの負担となる年金への未加入問題が深刻である。また、社会保険に関しては、年金と健康保険のセット加入が義務づけられているため、健康保険への加入もままならないなど、本条約に違反する状態が続いている。

　こうした国境を越えた人の移動に対応すべく、新たな社会システムの構築が本条約によって求められており、同時に移住労働者とその家族は、そうしたシステムの不備の是正を本条約を根拠に求めることができよう。

(10)　子どもの権利の実質的保障（29条・30条）

　本条約の対象が移住労働者のみでなく、その家族をも対象とされているのは、

移住労働者の歴史を踏まえてのことである。これまでも移住労働者を正規に受け入れている国々では、国内に移住労働者が滞留、定着することには消極的であったが、政府がどのような政策をとろうにも移住労働者の定住化、家族の呼寄せなどが進み、そして、次第に子どもの教育の問題、親子間でのコミュニケーションの問題、子どもの文化・習慣からの疎遠化などの問題が生じるようになった。さらには、資格外労働者も次第に家族を形成するようになり、子どもが生まれたものの摘発をおそれて出生の届出や国籍取得の届出もできない、また、滞在国の国籍が取得できるような場合であっても、そのような情報を得るすべもなく、子どもが無国籍状態に置かれるなどの問題が起こった。そうしているうちに、子どもは成長するに従って出身国・地域の文化・習慣から次第に遠のいてしまい、ますます帰国することができなくなってしまう。このような過程を多くの受入国で経験している。

　日本でも現在、まったく同じ経験をしているところだ。しかしながら、日本政府は憲法14条などで外国人に対しても基本的人権は十分に保障しているとしているほか、日本における初等教育の目的は、日本人をコミュニティのメンバーたるべく教育することにあるため、外国の子どもに対して当該教育を受けることを強制することは不適切である、との見解を持っている（人種差別撤廃条約第1回・第2回定期報告追加文書より）。むろん強制することはしないという考えには同意できるものの、言い換えれば、日本の公教育は外国人のためのものではないといっているに等しい。

　本条項については、子どもの権利条約などでも保障されているものも多いが、資格外労働者の子どもに対する教育の保障が明記されていることは画期的であり、日本政府に突きつける効果としては非常に大きなものがある。

5　おわりに——なぜ、日本は批准しないのか？

　さて、日本が批准する可能性はあるのだろうか。日本も含め、移住労働者の受入国が批准に向けて動き出すことはあるのだろうか。

　残念ながら、直ちに批准に向けた動きが起こるということはなさそうである。しかしながら、移住労働者の存在なしに社会が成り立たなくなっている現実があり、そして、国境を越えた人の移動に現在の社会システムが適応不良を起こしているのは事実である。そうした認識は徐々にだが、社会に浸透しつつある。また、

権利条約の批准が直ちになされなくても、移住労働者とその家族の権利は守られなければならない。そして、権利の実現へ向けての闘い、日々の暮らしは続いていく。

　私たちが「権利条約」を伝えようと、移住労働者の家々を回り、セミナーを行ったとき、多くの移住労働者が条約に列挙されている権利を知り、感激し、なかには涙を流す者もいた。権利を実現していく道は長いが、その歩みは止まらない。そして、誰にも止めることはできない。

鈴木健（移住労働者と連帯する全国ネットワーク）

国際人権法実践ハンドブック

2007年4月30日　第1版第1刷発行

編　者…………大谷美紀子・山下幸夫・猿田佐世
発行人…………成澤壽信
編集人…………西村吉世江
発行所…………株式会社 現代人文社
　　　　　　　　東京都新宿区信濃町20 佐藤ビル201（〒160-0016）
　　　　　　　　Tel.03-5379-0307（代）
　　　　　　　　Fax.03-5379-5388
　　　　　　　　henshu@genjin.jp（編集部）
　　　　　　　　hanbai@genjin.jp（販売部）
　　　　　　　　http://www.genjin.jp/
発売所…………株式会社 大学図書
印刷所…………株式会社 シナノ
デザイン………加藤英一郎
検印省略　Printed in JAPAN
ISBN978-4-87798-337-6 C2032

本書の一部あるいは全部を無断で複写・転載・転訳載などをすること、または磁気媒体等に入力することは、法律で認められた場合を除き、著作者および出版者の権利の侵害となりますので、これらの行為を行う場合には、あらかじめ小社または編者宛に承諾を求めてください。

アジア・太平洋人権レビュー

㈶アジア・太平洋人権情報センター 編

1997 国連人権システムの変動
――アジア・太平洋へのインパクト

国際的人権保障システムの発展とアジア・太平洋地域との関わりを探求し、人権NGOの活発な活動を資料に基づいて検証する。アジア・太平洋人権レビュー創刊号。

1996年の国連の動き／条約委員会によるアジア・太平洋地域の1996年の国別人権状況審議／第2回国連人間居住会議／人間居住に関するイスタンブール宣言／社会権規約委員会一般的意見4／国家機関（国内人権機関）の地位に関する原則（パリ原則）／ララキア宣言／アジア・太平洋の地域的取決めに関する第4回・第5回ワークショップの結論

並製／A5判／189頁／2,310円(税込)

1998 アジアの社会発展と人権

「人権」という物差しで見た場合、アジアの「開発」はどのように捉えられるのか、市民社会はどのような力をもちうるのか。発展のプロセスにどう人権を組み入れるのか。

1997年の国連の動き／条約委員会によるアジア・太平洋地域の1997年の国別人権状況審議／第2回アジア・太平洋地域国内人権機関ワークショップ結論／人種差別撤廃委員会一般的勧告23／社会権規約委員会一般的意見7／女性差別撤廃委員会一般的勧告23

並製／A5判／270頁／2,940円(税込)

1999 アジアの文化的価値と人権

「西洋的人権概念はアジアにはそぐわない」。しかし、アジアの宗教や文化の中にも普遍的な人権保護の思想がある。それを生かし、伸ばしていく方法を模索する。

1998年の国連の動き／条約委員会によるアジア・太平洋地域の1998年の国別人権状況審議／アジア・太平洋人権教育国際会議大阪宣言／社会権規約委員会一般的意見8・9・10／自由権規約委員会一般的意見27／女性差別撤廃条約選択議定書案／子どもの権利に関する委員会によって採択された結論と勧告／拷問禁止委員会一般的意見1

並製／A5判／270頁／2,940円(税込)

2000 アジア・太平洋地域における社会権規約の履行と課題

アジア・太平洋地域における社会権規約の履行と課題を明らかにするために、社会権の適用と国内法制による保障の実状を各国別に調査・検討する。

1999年の国連の動き／条約委員会によるアジア・太平洋地域の1999年の国別人権状況審議／キャンディ行動計画／社会権規約委員会一般的意見11・12・13／自由権規約委員会一般的意見27／女性差別撤廃条約選択議定書／女性差別撤廃委員会一般的勧告24／人種差別撤廃委員会一般的勧告24／子どもの権利委員会が採択した勧告

並製／A5判／208頁／2,625円(税込)

2001 ドメスティック・バイオレンスに対する取組みと課題

DVは今や私生活の問題ではなく、国際社会が取り組むべき課題である。各国のDVの現状と防止に向けた施策を紹介し、DVの撤廃と被害者の保護対策を考える。

ラディカ・クマラスワミ報告／女性に対する暴力の撤廃に関する宣言／2000年の国連の動き／条約委員会によるアジア・太平洋地域の2000年の国別人権状況審議／社会権規約委員会一般的意見14／自由権規約委員会一般的意見28／武力紛争児童兵士議定書／児童売買等議定書／女性差別撤廃委員会一般的勧告25・26・27／人種差別撤廃委員会最終所見・日本

並製／A5判／200頁／2,625円(税込)

2002 人種差別の実態と差別撤廃に向けた取組み

混迷のなかで地道に続けられる国際的な差別撤廃の取組みに呼応しながら、人種主義の実態と差別撤廃に向けた方向性を市民社会の視点から検証する。

2001年の国連の動き／条約委員会によるアジア・太平洋地域の2001年の国別人権状況審議／条約委員会による個人通報に関する見解／アジア・太平洋国内人権機関フォーラム第6回年次会合最終結論／子どもの権利委員会一般的意見1／自由権規約委員会一般的意見29／社会権規約委員会最終所見・日本

並製／A5判／144頁／1,890円(税込)

2003 障害者の権利

世界で6億人以上の人たちが、障害を理由に社会参加を阻害されたり、権利を否定されている。彼らの尊厳と権利を確保していくために何が必要なのかを考える。

2002年の国連の動き／条約委員会によるアジア・太平洋地域の2002年の国別人権状況審議／条約委員会による個人通報に関する見解／アジア・太平洋国内人権機関フォーラム第6回年次会合最終結論／女性差別撤廃委員会一般的勧告29／自由権規約委員会一般的意見30／社会権規約委員会一般的意見15子どもの権利委員会一般的意見2

並製／A5判／152頁／1,890円(税込)

2004 企業の社会的責任と人権

経済活動のグローバル化が進むなかで、企業の社会的責任はますます大きなものとなっている。国際人権基準の観点から、ルール作りを整理する。

人権に関する多国籍企業および他の企業の責任に関する規範／労働における基本的原則及び権利に関するILO宣言／2003年の国連の動き／条約委員会による個人通報に対する見解／アジア・太平洋国内人権機関フォーラム最終声明／子どもの権利委員会一般的意見3・4・5／女性差別撤廃委員会最終所見・日本／子どもの権利委員会最終所見・日本

並製／A5判／264頁／2,940円(税込)

2005 国際人権法と国際人道法の交錯

2つの国際法を理論と現実の両側面から分析し、個人の尊重と保護の確保に与える影響を明らかにするとともに、国際法秩序全体に与える意味合いを展望する。

2004年の国連の動き／条約委員会による2004年のアジア・太平洋地域国別人権審査／女性差別撤廃委員会一般的勧告25／自由権規約委員会一般的意見31／人種差別撤廃委員会一般的勧告30

並製／A5判／192頁／2,100円(税込)

2006 人身売買の撤廃と被害者支援に向けた取組み

米国によって人身売買の「要監視国」に名指しされた日本。それを受け、政府も法改正に乗り出した。とくにアジアで被害が多発する人身売買をどう撤廃するか。

アジア各国の人身売買に関する法規制／2005年の国連の動き／条約委員会による2005年のアジア・太平洋地域国別人権状況審査／人種差別撤廃委員会による個人通報に関する見解／社会権規約委員会一般的意見16／子どもの権利委員会一般的意見6／人種差別撤廃委員会一般的勧告31／アジア・太平洋国内人権機関フォーラム最終声明

並製／A5判／232頁／2,415円(税込)